教師5年目からの
ステップアップ
仕事術

宮本宣孝 著

G 学事出版

はじめに

　教師になって5年から10年と言えば,あなたはもうミドルリーダーの一翼を担い,学校の中核として活躍していることでしょう。
　しかし,現実は厳しい状況と向かい合い,悩んでいることも多いのではないでしょうか?
　「今年は学級経営がうまくいかない」
　「子供が授業に集中せず,学力向上どころではない」
　「学年主任になったものの,他のことにまで手が回らない」
　「提案授業をしなければならないのに自信がない」等。

　精一杯努力しているのに,次から次へと困難はやってきます。なすべき仕事も多く,責任も重くなってきます。
　厳しいことが予想される学級でも担任しなければなりません。
　学年主任や生徒指導主事等,省令主任の校務も避けては通れません。
　問題が起きれば,解決の手立てを打っていかねば子供は守れません。
　毎日が,つらくて,苦しくて,心が折れそうになることもあるはずです。
　それでも,教師を続けていくには,この壁を乗り越えていかねばならないのです。

はじめに

　そんなミドルリーダーを控えたあなたに，私ができることはないでしょうか？

　私は今まで32年間，小・中学校教育の現場で子供たちに向き合ってきました。つらいことや苦しいこともたくさん経験しました。失敗したこともありますが，そこから多くのことを学びました。そして，今までの実践から得たこと，学んだことを伝えることは私にもできると気付いたのです。

　この本の中では，学級担任として行うこと，工夫すること，参考になると思われること，授業を深めていくための考え方，実践例，そしてミドルリーダーとして学年主任，教務主任になった時の仕事の進め方等を，なるべく基本から具体的に紹介しています。
　そして，これらの実践をアレンジして，新たな取組のきっかけにできるよう【これからのヒント】をポイントとして各項目に付けました。

　この本は，今までの教師である私から，これからの教師であるあなたへの，贈り物です。

　私の実践を踏み台にして，あなた自身の教育技術を高めていってください。
　この本が，あなたにとって困った時，悩んだ時に開いてもらえるような一冊になることを願っています。

宮本宣孝

教師5年目からのステップアップ仕事術

はじめに　2

第1章　学級担任としての押さえどころ……………7

- ①　学級開きで信念を語る（担任として言わねばならないこと）　8
- ②　学級通信はこまめに発行（時間をかけずに1日1枚）　10
- ③　板書通信はキャッチボール（まず担任から投げかける）　12
- ④　出勤時の心得（朝のあいさつ、人より先に）　14
- ⑤　退勤時の心得（電話連絡，記録の完了，机上の整頓）　16
- ⑥　姿勢がよくなる立腰のすすめ（森信三の立腰教育から）　20
- ⑦　ゴミ拾いは担任から（森信三の「下坐行」から）　22
- ⑧　怒鳴らない指導（グッドモデルの提案）　24
- ⑨　カウンセリングの活用（ワンネス→ウィネス→アイネス）　26
- ⑩　ほめほめ大作戦（自己肯定感の醸成）　28
- ⑪　子供に家庭学習をさせるには（段取り→称賛→習慣化）　30
- ⑫　バースデーカードを郵送する（子供にとって特別な日を祝う）　32
- ⑬　迷わず家庭訪問（最初の家庭訪問，欠席時，トラブル発生時）　34
- ⑭　学級崩壊からの復活（生徒に任せる懐の深さ）　38
- ⑮　担任としての信頼を回復する（学級の立て直し　その1）　40
- ⑯　リレーションを作る（学級の立て直し　その2）　42
- ⑰　学級にルールを取り戻す（学級の立て直し　その3）　46
- ⑱　困難は分割せよ（できる部分から着手していく）　50

- ⑲ 短編映画を制作する（担任の存在が分かる）　52
- ⑳ 合唱祭で心を震わす（感動が人を変える）　54
- ㉑ 段ボールで大迷路を作る（学級の一体感を高める）　60
- ㉒ 理科研究に取り組む（学びの基本がここにある）　62
- ㉓ この子さえいなければ…（生徒指導におけるリフレーミング）　64
- ㉔ 温かさがにじむ通知表の所見（保護者の心で読んでみる）　66
- ㉕ 公平・平等を徹底する（人権尊重・人権意識の涵養）　70
- ㉖ 不登校への対応（葉書通信を続ける）　72
- ㉗ いじめへの対応（孤独には耐えられても孤立には耐えられない）　74
- ㉘ 人は人と関わって人間になる（地域社会との関わり）　76

第2章　授業の根幹に関わる本質の技術　79

- ㉙ ダイナミックな授業の創造（場，人，心を動かす！）　80
- ㉚ 教師が一言も話さない授業をしてみる（主体的な学び）　82
- ㉛ 児童生徒の活動を増やす（授業における学びの充実段階表）　84
- ㉜ 教材を読み込む，ということ（例「ごんぎつね」）　86
- ㉝ 道徳は自分で資料を作る（例「朝のホーム」「風雪のビバーク」）　88
- ㉞ 魂の授業を行う（人権教育「人間としての尊厳」）　94
- ㉟ 指導案は1枚目が勝負（指導観をもって単元計画を練る）　98
- ㊱ 失敗を恐れず挑戦する（ピンチなくしてチャンスなし）　100
- ㊲ 教育論文を執筆する（自己を高める）　102
- ㊳ 実践を深めて形に残す（研究実践，研究発表等）　104
- ㊴ 特別支援教育を生かす（共に生きること）　106
- ㊵ 読書感想文の書き方（感想は書かない。「思う」を使わない。）　108

第3章 ミドルリーダー「学年主任」として……111

- ㊶ 学年通信を毎日発行する（学年通信「羅針盤」） 112
- ㊷ 保護者への対応（気配り貯金を増やしておく） 114
- ㊸ 進路指導での注意点（第2志望校が勝負のカギ） 116
- ㊹ 学年経営のゴールは卒業の姿（生徒の巣立ちをイメージする） 118
- ㊺ 卒業合唱に思いを込める（学年合唱「未来への航海」プロジェクト） 120

第4章 ミドルリーダー「教務主任」として……127

- ㊻ 見通しをもつ（週案に工夫を凝らす） 128
- ㊼ 教務主任は隙間を埋める仕事（「気配り，気遣い，心意気」） 130
- ㊽ 改めることをためらわない（指導助言の第1関門） 132
- ㊾ 人間関係は Face to Face（会って話して関わって） 134
- ㊿ ピンチをチャンスに変える（リスクマネジメント） 136
- 51 信頼される教務主任とは（不可能を可能にする教務） 138

コラム
- ●5÷3＝ 18
- ●ひとりぼっちの学年会 36
- ●組曲：青春 57
- ●生徒の涙，先生の涙 68
- ●凍ったピザ 78
- ●鯉口を切る 92
- ●まさかの坂 110
- ●羅針盤590号 122
- ●先生なんか大っ嫌い 140
- ●はなむけの黒板 142
- ●親父の理科研究 143
- ●最後の見送り 144
- ●雑草の花 146
- ●灯りを点す 148

索引 149　　おわりに 154

第1章

学級担任としての押さえどころ

まず,担任における実践等を紹介します。
基本的な教師としての押さえどころは,小・中学校とも共通する部分も多くありますので,小学校担任に限らず中学校担任にも参考にしていただければ,と思います。

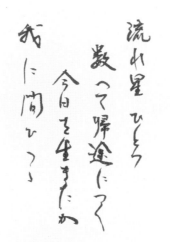

流れ星 ひとつ
数って帰途につく
今日を生きたか
我に問ひつつ

学級開きで信念を語る
担任として言わねばならないこと

　4月。新しい子供たちとの出会い。学級担任として何を言いますか？もちろん学校の方針や教育目標が土台にあっての話ですが，子供たちは新しい担任の言葉を待っています。

　口頭で伝える，板書して伝える，プリントにして伝える，それぞれのよさがあります。私はプリント（学級通信の第1号）にして伝えるようにしていました。方法は様々でも，大切なことは担任としての**「信念を伝える」**ということです。

　「当たり前のことが当たり前にできる学級」

　「何事にも精一杯取り組む学級」

　「互いのよさを認め合う学級」等

　信念は，**短く明確に分かりやすく**表現します。気をつけなければならないのは，学級開きにおける担任の所信表明が独りよがりな信念と受け取られてしまわないようにすること。「この担任は何が言いたいんだろう？」と子供たちがポカーンとしているようではNGです。

　そうならないためには，子供たちがそれぞれの発達段階や実態において納得できること，具体的なイメージができる取組の提案にすることです。

　例えば「何を行うのか？」その例として「しみじみ掃除をする」とか「あいさつで学校一番のクラスを目指す」など子供が取り組める**具体的な行動例**を示すとよいのです。

　次に，**子供の立場になって考えてみましょう**。始業式での担任の発表後，教室で担任が自分たちに何を話してくれるのか，その時の気持ちです。

　もし，今までいじめられることがあったり，クラスメイトから疎まれ

たりした子供だったら心の中はどうでしょう。

「また今年もいじめられたり，嫌な思いをしたりするんじゃないか……」と，不安でいっぱいなのではないでしょうか。そう考えれば担任の思いも大切ですが，担任として必ず言うべき重要な一言があります。

それは，「いじめは絶対許さない」という言葉です。

中3を担任した時の学級通信第1号「ザイル」（1999年）

> **これからのヒント** 信念の学級経営（担任の所信表明）
> 1．学級開きでは担任としての信念を語り伝える。
> 2．信念は短く明確に分かりやすく。
> 3．表現方法は担任の工夫で。独りよがりにならないこと。
> 4．「いじめは絶対許さない」これは必ず宣言する。

02 学級通信はこまめに発行
時間をかけずに1日1枚

　学級通信の一番の目的は**子供の様子を保護者に伝えること**。週に1号，あるいは月に1～2号の周期で発行している担任が多いようです。もし，学級通信を書くのが負担に感じられるなら，**あえてこまめに毎日発行してみる**という手もあります。

　私は中学校の担任時代は週に1号ペースでしたが，小学校に異動したのを機に毎日発行することにしました。大枠になるフォーマットはあらかじめ作ってファックス原紙に印刷しておきます。下書きはせず，ペンで直に書いて時間をかけないようにしました。写真はデジカメで撮ったデータをプリントアウトして糊で貼りました。その日の様子を次の日には届けられるように心がけました。もちろん起案して管理職のチェックも受けます。

　始めてみると，軌道に乗ればそれほど負担ではありませんでした。書くことはいくらでもあり，ネタに困ったことはありません。学習の様子を写真に撮って載せたり，道徳の感想や子供が作った詩を載せたりして，保護者からは喜んでいただけました。特に，祖父母の方々から「毎日，孫が持ってくる学級通信を楽しみに読んでいます」と言ってもらえました。また，「子供の様子や先生の考えがよく分かります」「ファイルに入れて全部保存してあります」などの好意的な声を聞くことができました。

　せっかく学級通信を発行するなら，やはり喜んでもらえた方がいいですし，作る方も励みになります。文章を書いたり，印刷したり，というのが手間だから負担になるという気持ちも分かりますが，担任として，毎日発行するという**心意気**はもっていたいものです。

第1章　学級担任としての押さえどころ

　こまめに継続するには**なるべく時間をかけないこと**がポイントです。手書きは慣れれば効率的です。パソコンで作成してもいいと思います。ひとつ言えることとして手書きの文字には書き手の個性や人柄がにじみます。子供たちのためにペンで書いている学級通信には**手作りの温かさ**があるのです。

> **これからのヒント　学級通信を毎日発行するための作り方**
> 1. フォーマットを用意。直接ペンで手書き。作成時間の目安は15～20分。
> 2. 手書きには手作りの温かさがある。得意ならパソコン作成も可。
> 3. 内容は子供の様子がメイン。子供が書いた四行詩などは全員日替わりで掲載できるのでお勧め。お知らせや授業の準備物，担任の学級経営の思いなど。

03 板書通信はキャッチボール
まず担任から投げかける

　前項で学級通信を毎日発行するという提案をしましたが，それでもやはり，毎日は無理だと思われる方もいるでしょう。私の知るかぎり学級通信を毎日発行した人は，実は数えるほどしかいませんでした。また，単学級ではなく複数学級学年であれば，学年で足並みを揃えるということもあるでしょう。

　そこで，学級通信より負担が少なく，毎日続けられる取組に**板書通信**があります。最近は「黒板アート」として紹介されることもありますが，絵を描く必要は絶対ではないので，メッセージだけでも十分です（元々は私がまだ若かった頃，千葉県で教師をしている友人から教えてもらった実践です）。

　板書するのは子供たちが下校した後，自分の教室を点検する時です。翌朝，子供たちが登校してきた時に読めるように黒板の中央に大きめの文字で担任からのメッセージを簡潔に書いておきます。内容は，感動したこと，がんばったこと，褒めてあげたいこと，大事な連絡や学級への励ましなどです。**その日一日を気持ちよくスタート**できるような内容を心がけます。

〈文例〉
　きのうの体験学習ではみんな進んで学ぶことができました！
　ゲストティーチャーの先生へのあいさつもすばらしかった！
　今日はまとめの学習です。がんばろうー！

第1章　学級担任としての押さえどころ

　子供たちは見ていないようでも必ず見ています。担任と子供の**心のキャッチボール**は、まず教師からボールを投げてあげるのです。

　黒板の扱いについては常にピカピカにしておくように心がけます。担任と黒板係以外は基本的に触れないように注意しておきます。私は子供たちに「黒板は先生の大事な仕事の場所です。お相撲さんで言ったら土俵と同じ。土俵はいつもほうきで掃いてきれいにしているでしょう。落書きなんか絶対しちゃいけないよ」と言い聞かせていました。黒板消しは大きく長めのものを使い、チョークの粉もきれいに拭き取るようにします。習慣付けると黒板係の子供がさらにピカピカに磨き上げ、チョークの色を揃えて並べて置いてくれるようになります。

担任はどんな想いで板書しているのだろう？
もし、黒板のウラから透けて見えたら……

これからのヒント　毎日続けられる板書通信

1. 登校した子供たちへのメッセージを簡潔に板書しておく。
2. 一日のスタートにふさわしい肯定的な内容で。
3. 基本は前日。前日が出張等の場合は登校前に書く。
4. 黒板は常にピカピカにしておく。

出勤時の心得
朝のあいさつ、人より先に

1 「朝のあいさつ、人より先に」

これは立腰教育で有名な森信三先生の言葉です。多くの学校であいさつの大切さ、元気なあいさつの仕方は指導していますが、**「人より先に」というポイント**を子供たちに教えているのは意外と少ないかもしれません。

「朝のあいさつ」は、教師から。これが基本です。たとえ、あいさつを送った相手が反応してくれなくても、「あいさつすることができた自分」**を自己肯定できること、**それを教えていくことが大切なのです。

そのためには、まず教師自らが実践を示します。もし名前が分かるのならば「おはよう」の前に名前をつけて「○○さん、おはよう！」と声をかけると子供も「○○先生、おはようございます」と言うことが習慣付いてきます。あるいは、あいさつの後に「元気がいいね！」とか「班長ごくろうさん！」などと一言付け加えるのも心のこもったあいさつになります。

さらに、私が勤務した小学校では、あいさつは歩きながらではなく、一度立ち止まって行うという方法も奨励されていました。これは登校班で低学年を引き連れている場合には、後ろの子供が前の子供にぶつかってしまうこともあるので、丁寧にあいさつする場合、としておくとよいかもしれません。

そして、朝のあいさつの様子から子供たちに気になる変化がないか観察しておきます。元気がなく体調が悪そう、いらいらして機嫌が悪そう、ぼうっとして眠そうなど、登校した段階で**「何かあるな」**と意識しておくことができます。

2 提出物は朝のうちにチェックする

　登校を見届けたら，なるべく早く教室へ行って子供を迎えます。**子供同士のトラブルやいじめのきっかけとなるような行為は始業前に起きることも多いからです。**

　そして，子供の話を聞きながら提出物のチェックは朝のうちに済ませておきます。特に，保護者からの要望やクレームなどが連絡帳に書かれている場合もあるので，**気になる事案は早めに管理職に報告**できるようにします。

3 下駄箱の靴のかかとはこまめにそろえる

　出欠を報告するついでに下駄箱の靴のかかとを見て，曲がっていれば黙って直しておきます。下駄箱の靴のかかとがしっかりそろっている学校は落ち着いた学校になると言われます。「形だけ整えても…」と思われるかもしれませんが，ささやかな取組でも**継続することで子供たちの心は育ちます。**

　かかとをそろえることは４月当初に指導しておきます。それでもなかなか徹底できない子はいるものです。下駄箱まで連れてきてやり直しさせるのも一つの方法ではありますが，担任がこまめにかかとをそろえておく，その行為は子供も気が付きます。時間はかかるかもしれませんが，**自覚してかかとをそろえるようになれば，**それが一番身に付いたと言えるのではないでしょうか。

> **これからのヒント　出勤時の心得**
> 1．朝のあいさつは，まず教師から声をかけて子供に習慣付ける。
> 2．朝は早めに教室に行って，気になる事案はすぐ管理職に報告する。
> 3．そろっていない靴のかかとは教師がこまめに直しておく。

退勤時の心得
電話連絡，記録の完了，机上の整頓

　ここでは一日の仕事を終え，退勤する時に気を付けるポイントを紹介します。これは私が学年主任の時に担任の先生方にも伝えていました。

1　電話連絡は行ったか？

　子供が早退，欠席した保護者への連絡，状況の確認。また，気になることや保護者に伝えておきたいこと。子供が頑張ったことなども伝えたいものです。生徒指導に関する場合は履歴を残すことも大事。また，状況によっては家庭訪問を行う場合もあります。言葉の選択には十分な配慮が必要です。

2　記録は完了したか？

　授業記録，時数，生徒指導の記録，会計等。また，当番であれば校務に関する日誌類。提出期日のある文書等。**記録は教師にとっての生命線**。子供のため，教師自身のため，学校のため，必ずその日のうちに記録をとっておきます。生徒指導，事故等に関するものは，時系列で５Ｗ１Ｈを基本に簡潔明瞭に記録しておくこと。管理職への報告，連絡，相談も忘れずに。

3　机上は整頓したか？

　すべての仕事が終わったら職員室の机上の整頓をし，残っている職員に挨拶して退勤します。机の上には何もおかないのがベストですが，せめて書類などは広げたままにせずフラットな状態にしておきましょう。個人情報には要注意。机上整頓のコツは引き出しを一つ空けておくこと。作成途中のものはそこにしまって施錠すれば安心。筆記用具は机の上に出しておかないように。

次に，私見ではありますが，働き方改革について考えてみました。

※一人の教師として長時間の働き方を改善していくヒント
　① 仕事は山のようにある。しかし優先順位はつけられる。
　② 10割を求めず8割を目指す。
　③ ギリギリの提出より拙速主義で。
　④ 一人で抱え込まず複数で分担する。
　⑤ 終了時間を決めて集中力を高める。
　⑥ 今までのやり方を変えてみる。
　⑦ 別の方法を得意な人に聞く。
　⑧ 資料やデータを整理しておく。
　⑨ 二度手間になりそうな安易な方法はかえってたいへん。
　⑩ 手を抜くのではなく手間を省けないか考える。
※一人一人の教師が，まず自分自身で業務改善のマネジメントを心がけることが，これからの働き方の一つの契機になると思います。

これからのヒント　退勤時の心得3ヶ条
1．電話連絡は行ったか。（早退，欠席，気になる子供）
2．記録は完了したか。
　　（授業記録，生徒指導，校務関係日誌，期限文書等）＋（報・連・相）
3．机上は整頓したか。（机の上はフラットに）

コラム　5 ÷ 3 ＝

うだるような暑い一日でした。

冷房のない教室は30度を越えていました。
扇風機ひとつではとてもいられません。
私は新たに扇風機を１台組み立てて，ある教室に持っていってあげました。

「やったー！救われる〜！」
「先生ありがとう！」

歓声があがります。

喜びもつかの間，不満の声が…。

「こっちはあたらないぞ！」
「そっちばかり涼しくてズルイ！」

暑いと心にゆとりもなくなるのか，教室の雰囲気がささくれてきました。
たまたま担任が会議に出席中だったため，私が帰りの会を任されていたので，最後にこんな話をしました。

「みんなこの問題できるかい？
　ここに５つのリンゴがあるよ。
　これをね，自分を入れて３人の子供で仲よく分けるんだ。
　みんなどうやって分ける？」

「まず１個ずつ分けて，残りは切って分けます」

「これ分数の問題だよ。５÷３＝5/3だよ！」

「ジュースにして３等分すればいい！」

「みんなスゴいね。
　全部正解だよ。
　でもそれは算数の答えだね。
　先生は違うよ」

「じゃあ，先生はどう分けるの？」

「先生だったら，まず自分が１個もらう。
　そして，残りの４つをあとの２人に２個ずつあげるよ」

キョトーンとする子供たち。

「問題をよく思い出してごらん。
　仲よく分けるには？って，聞いてるだろ？
　等分しろとは言ってない。
　人と仲よくなるには，まず自分がひとつガマンするのがコツなのさ」

ちょっと損したような，納得しかねるような顔を見せる子もいる。

「３人の子供で一番得したのは実はリンゴを１個しか取らなかった自分なんだよ。
　この子はリンゴ１個どころじゃないもっと大きなものをもらうことができたんだよ。
　それって何だと思う？」

子供たちの表情が明るくなった。

「もう，みんな分かったね。
　そう，友達からの信頼さ。
　さ，帰ろう！暑いから道草しないで帰るんだよ」

「サヨウナラ」

「サヨウナラ」

ちょっと穏やかな気持ちで今日一日を終えることができれば，いいかな。

算数の答えと人生の答えはちょっと違う。

そんな猛暑の一日でした。

06 姿勢がよくなる立腰のすすめ
森信三の立腰教育から

　森信三(のぶぞう)先生によって提唱されたのが，腰骨(こしぼね)を立てる大切さを説いた**立腰(りつよう)教育**です。私は教師になってから，勤務校の中学校で当時の校長先生にその極意を教えていただきました。

　立腰のよいところは**姿勢がよくなるための具体的な方法**を身に付けることができ，**生活にけじめがつく**ことです。1日の中で数分でもいいので，心を静めて立腰する時間を確保したいものです。

　しかし，立腰がどんなものなのか，その特長（よさ）を教師がきちんと理解していないと子供たちに身に付けさせることはできません。

　私は実際に自分で立腰に取り組んでみて，姿勢を正すことの大切さに気付きました。

　学習にも生徒指導にも共通して言えることですが，何事も指導者である**教師が自ら実践できること**が重要です。

　また，立腰以外にも，自問清掃への取組，朝の読書への取組，読み聞かせなど，それぞれの学校で取り組んでいる活動にはそれぞれのよさがあります。

　立腰に限らず，一つ身につけさせたい取組を決めたら，まずは，その**1点に集中して**，子供たちにも意識付け・習慣化を図っていきましょう。

【立腰の功徳十か条】　（『新版 立腰教育入門』リバーホエール絵本館）

① やる気が起こる　　　　② 集中力が出る
③ 持続力がつく　　　　　④ 頭脳が明晰になる
⑤ 勉強が楽しくなる　　　⑥ 成績がよくなる
⑦ 行動が俊敏になる　　　⑧ バランス感覚が鋭くなる
⑨ 内臓の働きがよくなる　⑩ スタイルがよくなる

第1章　学級担任としての押さえどころ

森信三『新版 立腰教育入門』より

腰骨を立てるには、次の三段階を心して
一、尻を思いきり後ろにつき出すこと
二、反対に腰骨をウンと前へ突き出す
三、そして下腹に力を入れると、肩のキバリがスカッととれる

以上三つの点が大切です。

```
腰骨を思いきり前へ　←
お尻を
→　思いきり後ろへ
```

もししっかりとした人間になろうと思ったら、その手はじめとして、まず二六時中腰骨を立てることです。このコトバを信じて、たとえ十分間でもよいから、ひとつやってごらんなさい。必ずや「ナルホド」と感じることでしょう。

「腰骨を立てる教育」は、学年の途中からでは十分な効果をあげにくいようです。ですから学年始めの第一日、しかも第一時間目の最初に、よく説明してスタートするのがよいようです。同様にこの「立腰道」の教育は、小学一年生の入学のその日から始めるのが、最上といえましょう。

「立腰道」の指導上大事なことの一つは、腰骨を極力前へ突き出すように、という最初の間は上体にも力が入って、そのために全身が硬直的になりやすく、それでは長続きがしないばかりか、不自然な姿勢なのです。そこでこの点を矯正するには、力を入れるのは腰骨を中心とした下半身だけにし、上半身はできるだけ力を抜いてらくな姿勢にさせるよう注意が肝要です。

※入学式、卒業式等で立腰を実践してみると、そのよさを実感することができます。
ある程度長い時間座っているのはしんどいものですが、立腰で姿勢を正して座ると、あまり疲れないのです。

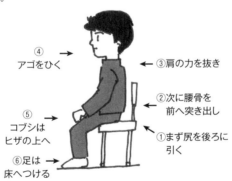

④ アゴをひく
③ 肩の力を抜き
② 次に腰骨を前へ突き出し
⑤ コブシはヒザの上へ
① まず尻を後ろに引く
⑥ 足は床へつける

①～⑥の順で指導します。

これからのヒント　立腰のすすめ

1. 教師が立腰のよさを理解した上で指導する。
2. 教師自らが実践する姿を見せる。
3. あれもこれもと欲張らず一点に集中して子供たちへの意識付け、習慣化を図る。

07 ゴミ拾いは担任から
森信三の「下坐行」から

　前項で紹介した森信三先生の実践に，落ちている紙屑を教師が拾うことの大切さが説かれています。これを**「下坐行」**（げざぎょう）と言います。教室や廊下にゴミや紙屑が落ちていたら子供たちに拾わせる前に教師自らがすかさず拾う姿を見せるのです。これは人が見ていようが見ていまいが，いつでも自然に行います。**教師である前に一人の人間として，かくありたい**ものです。

　落ちているゴミに気付いたら拾うのは当然ですが，特に教室は常にゴミが落ちていないように気を配ります。私はテストの時も子供の様子を見て回りながら小箒を持って細かいゴミなどを掃除するようにしていました。子供は見ていないようで見ているものです。「先生はいつも掃除してるね」と，言って手伝ってくれる子も出てきます。「落ちているゴミを拾いましょう！」と呼びかけることも必要ですが，「担任の先生は学校をきれいにしたい気持ちで掃除をしている」ということを教師の行動で教えるのが森先生の実践です。その手はじめが「下坐行」なのです。

※「下座行」と表記されることもあります。森先生は，人間は常に謙虚であること，高慢にならないための手始めとして，紙屑拾いを終生実践したそうです。

　なぜ子供は掃除を怠けるのでしょう？
　「掃除への意識が低いから」「自分が汚した訳ではないから」「強制されているから」「掃除に価値を認めていないから」等，いろいろ考えられますが，子供にしてみれば「おもしろくないから」です。休み時間に遊ぶのと同じように楽しければ怠けないで掃除をするはずです。
　（自分が子供の時のことを思い出せば分かりますよね？）

【掃除を楽しくする工夫】

　例えば，雑巾がけレースを取り入れる，きれいになったかを判定する，誰が一番頑張ったかを競わせるなどです。

　効果はあります。しかし，ゲーム的な要素が入るので教師がついていないと遊びになってしまうリスクがあります。そこで掃除の反省（振り返り）では，チェックカードなどを使い，自己評価・相互評価を行うようにします。掃除の本当の価値やねらいに気付かせるのはそれからです。ちなみに，森先生は「掃除は教師がそのやり方を教えながら一緒に行う」と提案しています。

※中学3年生を担任している時，いつも掃除を一所懸命行っている男子がいました。私が「いつもしっかり掃除してるね」と言うと，彼はこう答えました。「先生，僕はたとえ掃除でも気を抜くのが嫌なんです」…今でも忘れられない言葉です。

【森信三の言葉から】

「朝のあいさつ，人より先に」

「靴のかかとをそろえる」

「人生，二度なし」

「一日は，一生の縮図なり」

「礼を正し，場を浄め，時を守る」

これからのヒント　下坐行の実践，掃除への取組

1. 落ちている紙屑はまず教師自らが拾う。（下坐行）
2. 学びの場を常にきれいにしておきたいという姿勢を教師が行動で示す。
3. 掃除に楽しさの要素を加えて子供のやる気を引き出す。

怒鳴らない指導
グッドモデルの提案

　私が担任として初めて小学校6年生を宿泊学習に引率した時のことです。私は声を荒げて子供たちに厳しい指導をしていました。休憩時間に当時の校長先生が私にこう言いました。
　「そんなに怒らなくてもいいよ。子供だって今日を楽しみに来てるんだから」
　はっとしました。子供の行動を統率することばかりに気をとられて、宿泊学習を楽しみにしている子供たちの気持ちなどすっかり忘れていたのです。
　しかし、その後も若い頃は怒鳴りつける指導が多かったと反省しています。転機となったのは中学校で生徒指導に苦戦した時でした。荒れた中学校では**力の指導**には限界がありました。力の指導には、力で返ってくるのです。
　怒りの感情をコントロールするには、**アンガーマネジメント**の研修も有効です。子供たちが生意気な態度をとったり、反抗的に向かってきたり、そのような場面は少なからず起こります。そういう時は感情的にならず、冷静になってから対応するのが基本です。しかし、そうは言っても怒らずにはいられない時もあるでしょう。そんな時、その怒りの感情を何とかユーモアに変えられないものか？と考えます。

〈例〉　授業中に手紙回しをしている子供を見つけたとします。
　毅然と叱ることも大切ですが、時にはユーモアで対応してみます。
　「おっ、手紙回しか。懐かしいな。先生も昔やりたかったけど回って来なかったなぁ。それはともかく授業中に連絡とる緊急の用事があるな

ら相談にのるぞ。今見せろとは言わないから後で大人に相談したほうがいいぞ。中学生だからいろいろあるとは思うけど授業中はやめておこうな。授業再開。グループ活動にして，話合い活動にしよう。」

　大切なのはグッドモデルを示すことです。それを示し，教えるのが教師の役目です。後で生徒が落ち着いている時に「この間の授業ではどうしたんだい？」とフォローしておくと関係を悪化させずに生徒指導ができます。人格は否定せず，行動のみを戒めます。
「指導とは怒り抑えて非を叱り　道を示して諭すことなり」です。

※ただし例外もあります。ひとつは安全を確保する場合。危険な行為を戒める時はその場で注意しなければなりません。そして人道上許しがたい行為があった場合。人として人権を侵害するような行為や言動があった場合には，その子供のために心から戒めなければなりません。

> **これからのヒント　怒鳴らない指導**
> 1．感情的に怒らない。冷静になってから対応。アンガーマネジメントが有効。
> 2．時には怒りをユーモアに変えて対応できないか考える。
> 3．叱るだけではなくグッドモデルを示して諭す。

カウンセリングの活用
ワンネス→ウィネス→アイネス

　國分康孝先生主催のカウンセリング研修会に参加して，私は**ワンネス，ウィネス，アイネス**について学びました。**ワンネス**とはその人の立場になって共感すること。**ウィネス**とはその人のためにできることをすること。**アイネス**とはその人に向けて自分の考えを打ち出すことです。この順番が大切です。

　ほとんどの教師は逆に自分の考えから指導してしまいがちです。「〜しなさい」「〜なふうになりなさい」等。それでは子供の心は閉ざされたままです。まず，**ワンネス**で共感します。「それはつらかったねぇ」「〜な気持ちだったのかな」等。次に，**ウィネス**で提案します。「手伝えること何かあるかな」「〜なふうにしてほしいのかな」等。教師への信頼が増します。そして最後に，**アイネス**で教師の考えを伝えます。「先生は，あなたには〜になってほしい」「〜ようにできるといいよね」等，しっかり指導したい内容を伝えます。

〈例：友人とのトラブルが多い小学4年生男子に対して〉

ワンネス→「昼休みに○○さんをぶってしまったけど，何があったのかな。よく聞かせてくれる？（よく事情を聞いて）……そうか，君が悪いように言われたけど，それをうまく説明できなかったんだね」

ウィネス→「仲直りするのに先生に手伝ってほしいことはあるかな。うまくいくように力になるよ。……（思いつかないときはいくつか対応の例を示してあげるとよい）分かった。説明するときに足りないところを付け加えてほしいんだね」

アイネス→（少し後でもよい）「近頃仲良く遊べるようになったよね。

自分の気持ちがうまく伝えられない時は協力してあげるけど，だんだん自分でできるようになるといいね。先生は，君に自分で言える人になってもらいたいんだ」

特にワンネスの部分は「**共感的理解**」に関わるところなので大事にしたい手立てです。指導するにあたっては，子供の受け皿を空けておかねばならないということです。

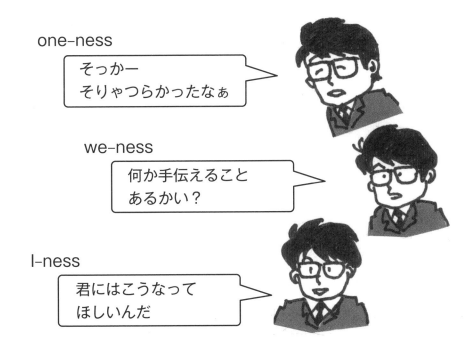

> **これからのヒント** カウンセリングの活用（指導の順序として）
> 1．まずワンネスで共感的理解を示し，子供の受け皿を空けておく。
> 2．次にウィネスでサポートしてあげることで解決に協力し，信頼を得る。
> 3．最後にアイネスで指導すべきことをきちんと伝えて指導する。

ほめほめ大作戦
自己肯定感の醸成

「ダメなものはダメ」と毅然と叱ることは大切。とは言いながら厳しく叱ることが難しくなってきていると感じている教師も多いのではないでしょうか。厳しく叱ることも必要ではありますが，やはり基本は褒めることです。有名な**「やって見せ言って聞かせてさせてみて褒めてやらねば人は動かじ」**の言葉を残した山本五十六の時代でさえ褒めることを重要視しています。

人は褒められればうれしいものです。自分を認められたと感じます。頑張ったことを認められたことで**自己肯定感（セルフエスティーム）**を高めることができ，子供は素直に成長することができると考えられます。

学級経営も**基本は褒めること**。まずは子供が頑張ったこと，よくできたことを褒めて認めます。例えば，多くの子供が騒々しくしている時でも，自分で気が付いて決められた席に着いている子供がいるものです。「時間だからダラダラせずに席に着きなさい」という前に「よく気が付いて席につけたね」と，そういう子供を見逃さず褒めることが教師の技術です。

このように**「ほめほめ大作戦」**が基本ですが，形式的に褒めるのでは子供たちが感じるありがたみが薄れてきます。やはり子供の心に染み込むように，ここぞという時に本当に子供が頑張ってよかった，ちゃんと先生は見てくれている，と思うように言葉をかけてあげたいものです。その言葉にも変化をつけてあげるとよいでしょう。例えば〜

「さすがだね！」「いつもよくやってるよね！」「あなたならできると思ってたよ」

「できる人はやっぱりひと味ちがうね！」「あなたに任せて正解でした！」等。

　中学校を卒業して20年ほど経った生徒に再会した時のことです。その生徒に，私はこんなことを言われました。

　「先生に言われて忘れられない言葉があるんです。それは授業で意見を発表した時に『なかなかやるな！』って褒めてくれたんです」

　私は記憶にありませんでしたが，その生徒はうれしかった言葉としてずっと心に刻み込んでいたのでした。教師として子供たちにかける**言葉の重さ**に改めて気づかされた一コマでした。

これからのヒント　褒め方にもひと工夫
1．基本は褒めること。認めて自己肯定感を高める。
2．子供の心に染みる言葉で，タイミングよく。
3．子供に発する教師の言葉は重い。肝に銘じる。

子供に家庭学習をさせるには
段取り→称賛→習慣化

　宿題をやってこない，家庭学習（自主学習）を全くやらない，そういう子供にも家庭での学習の習慣を身に付けさせたいものです。学校ではよく「厳しく指導する」「ペナルティを課す」という場面を見かけます。休み時間にみんなが遊んでいるのに一人教室に残ってドリルをしている（させられている）子供の姿が見られます。宿題をやってこなかった場合，休み時間は遊べず，教室で勉強する学級のルールがあるようです。

　やるべきことをやる，やるべきことをやらなければペナルティがある。それを教えるのも教育の大切な役目ですし，これは**体罰ではなく懲戒**で認められる範囲です。

　しかし，その前になぜ宿題や家庭学習をしてこないのか，そこをよく分析しなければ子供は勉強嫌いになってしまいます。例えば，家ではゲームばかりしている，怠けてばかりで困るという保護者からの情報があったとします。怠けていると判断することは簡単ですが，ゲームに依存・逃避しなければならない理由があるのかもしれません。まず，子供からよく聞き取り，リサーチして原因を分析します。

　保護者にも協力してもらえればありがたいのですが，まずは家で学習できるように**段取り**を組んであげましょう。

〈例〉漢字練習の場合
①学習ノートにその子供にあわせた指示を書いてあげます。
②練習する漢字を行の最初に書いておきます。
③練習の仕方が分かるように一行，見本を示しておくとよい子供もいるかもしれません。

④翌日頑張って提出できたら赤ペンで称賛のコメントを多く書いてあげます。シールを奮発してもいいでしょう。
⑤それを根気よく続けて行動の習慣化を図ります。

　ある程度習慣付いてきたら少しずつ自主性に委ねていきます。ペナルティを課す場合には，本人が納得して受け入れるようにします。忘れてきたとしても，自分から休み時間に取り組む姿が見られるようになればしめたものです。そこでも忘れたことは指導しますが，「自分から休み時間にやるようになって成長したよね」と褒めることができます。

> **これからのヒント**　**家庭学習に取り組ませるための工夫**
> 1．なぜ家庭で学習できないのか，よくリサーチする。
> 2．家庭で子供ができるようにノートに指示を書いてあげる。
> 3．赤ペンのコメントでたくさん褒めて行動の習慣化を図る。

12 バースデーカードを郵送する
子供にとって特別な日を祝う

　学級の子供の誕生日を祝うのに自作のバースデーカードを帰りの会で贈っていた先生がいました。そこからヒントを得て，私は葉書でバースデーカードを郵送することにしました。
　まず4月当初に学級全員の子供の誕生日を年間予定に書き込みます。葉書は市販の絵葉書を使用し，お祝いの言葉を簡潔に記しました。

〈文例〉
○月○日は，○○さんの生まれた日ですね。お誕生日おめでとう！　今年は6年生。最高学年としてがんばっていきましょう！　担任△△より

　始業式までに，誕生日がある子供には始業式の後，すぐに投函します。それ以外は誕生日に間に合うように，忘れずに前日までに投函します。

　一人一人の子供を大切にするのが学級経営の基本。
　特に誕生日はその子供にとって1年で一番特別な日。担任として祝福してあげたいものです。
　朝の会や帰りの会で祝福するのもいいのですが，長期休業中は祝福できない子供がいるので公平になりません。また，みんなでお祝いを言うのも形式的なものになりがちです。（今月の誕生日として，学級の掲示物などに紹介しておくと公平にはなりますが…）

　保護者にとっても，わが子の誕生日を祝ってもらって目くじらを立てる人はいません。やはりうれしいものです。

1学期末のPTA参観では保護者の間で「先生から葉書来たでしょ？」という会話が聞こえてきます。
　「担任の先生は子供を大事にしてくれる」そう思ってもらえます。
　保護者が担任に対して安心感をもつことができます。
　1年間かかりますが，**効果は絶大**です。
　葉書1枚，切手1枚で保護者から信頼してもらえ，子供の特別な日を祝うことができる一石二鳥の取組です。

これからのヒント　バースデーカードの贈り方

1. 葉書で郵送。保護者の目に触れるのがポイント。
2. 一人でも抜けてしまわないように注意。年間予定表に投函日を記入しておく。
3. 子供の誕生日に届くように前日までには投函する。早く着く分には大丈夫。内容は公平になるよう簡潔に。

迷わず家庭訪問
最初の家庭訪問，欠席時，トラブル発生時

大まかに家庭訪問には3種類あります。
① 最初（年度はじめ）の家庭訪問
② 欠席時の家庭訪問
③ トラブル発生（生徒指導）時の家庭訪問

1 最初（年度はじめ）の家庭訪問

まず①ですが，目的や留意点はここでは取り上げません。いかにスムーズに時間通りに訪問するか，ということです。最近は家の場所の確認のみという学校も増えてきましたが，年度はじめに担任を家に迎えるというのは保護者にとってかなりのストレスを伴います。それなのに時間に遅れ，待たせることがないように，ゆとりのある計画を組みます。大事なのは事前に訪問順に場所を確認しながら**家庭訪問のシミュレーションをしておく**，ということです。入り組んだ所などは車での進入が難しい場合，駐車場所の確認が必要な場合もあります。また，自転車を使うと小回りが利く場合もあります。

2 欠席時の家庭訪問

次に②です。子供が2日連続して欠席したら電話連絡だけではなく家庭訪問が基本です。学習に必要なプリントや配付物を届け，子供の様子をうかがいます。1か月に3日欠席すれば**1年間で欠席が30日を越えてしまう**ということを念頭におくべきです。いじめや不登校の芽が早期にみつかるかもしれないという危機意識をもつことも大切です。

3 トラブル発生（生徒指導）時の家庭訪問

③については，担任一人で判断せず，必ず**組織**で対応します。

・報告，連絡，相談，確認を管理職へ必ず行う。（生徒指導主事，学年主任等にも）
・時系列で記録をとっておく。
・家庭訪問は必ず複数の教師で行う。
・保護者への言動には細心の注意を払う。
・電話は履歴が残るのでたとえつながらなくても重要。

※「対応に苦慮している子供が欠席している時こそ家庭訪問のチャンス」
　日頃その子供に関わったり指導したりするのに担任はかなりのエネルギーを使っています。その子供が欠席していると「クラスが落ち着いているような感じがする」のはよく分かります。しかし，ここがポイントです。欠席が続くようなら必ず連絡をとり様子を見に家庭訪問します。休んでいるのに何も手を打たなければ後でもっとたいへんになります。「先生は何もしてくれなかった」と思われるか「休んでいる時に授業で使ったプリントを持って様子を見に来てくれた」と思ってもらえるか，ということです。

> **これからのヒント　3つの家庭訪問**
> 1．年度はじめの家庭訪問は事前にシミュレーションをしておく。
> 2．子供が連続して2日欠席したら家庭訪問が基本。
> 3．生徒指導に関する家庭訪問は必ず組織で対応する。

コラム　ひとりぼっちの学年会

　採用から4年目の春。
　私は小学校から中学校へ異動しました。

　3年生の担任でした。
　5クラスある中の1クラスを担任することになったのです。

　しかし，小学校で培った学級経営の手法は中学校では受け入れられませんでした。
　1学期の半ばには，すでに学級は崩壊寸前の状態に陥っていました。

　今，思えば，私の学級経営の手法は，生徒たちにとって納得のいかないことばかりだったのではないかと思います。
　特に私に対する女子の反発がすさまじく，私を嫌悪するグループを核にほとんどの女子が私とは口もきいてくれませんでした。

　当時は本当にどうしていいか分かりませんでした。

　学年会の場で私は自分の学級の状況を切々と訴えました。
　藁にもすがる思いでした。

　ひとしきり私の話を聞き終えた学年主任が，こう言いました。

「状況は分かった。
　だが，お前の言ってることはただの愚痴だ。
　お前はあいつらのために何をしてやったんだ？
　何もしてないじゃないか。
　話し合う必要はない。
　今日の学年会はこれで終了にする。
　解散！」

スタッフは皆，部屋から出ていきました。
私だけが残されていました。
全く主任の言う通りでした。
穴があったら入りたいとはこのことでした。

　学級がうまくいかないのを全て生徒のせいにして，何一つ自らを省みることをしていませんでした。

　学級の生徒のために自分には何ができるだろう。
何とかしなければ……。

　教師になって初めての逆境の中で，私は一人，そのことを考えていました。

学級崩壊からの復活
生徒に任せる懐の深さ

　いきなり「学級崩壊」の話から始まりますが，私が中学校で最初に担任した学級は本当に学級崩壊と言える状態でした。原因はいろいろ考えられますが，今思うと当時の自分の指導と生徒の実態がマッチングしていなかったことに気が付きます。

　どんなベテラン教師でも学級崩壊を引き起こす可能性はあります。

　それは，毎年子供は変わっているのに教師の指導法が変わっていない（固定化されている）ため，**マッチングのズレを生じているのです**。今まで述べてきたように担任としての信念をもって学級経営に臨むこと，様々な手法や技術を駆使することは大切ですが，子供たちの実態に合った手を打たないとうまくいかないのです。そのためには実態に合った手立てを繰り出せるよう技の引き出し（バリエーション）をなるべく多くもっているということが重要です。

　ところが，です。

　ただ技をもっているだけではうまくいかないこともあるのです。

　私が学級経営で悪戦苦闘している時，同じ学年の他のクラスはのびのびと生活していました。先輩の先生方は経験豊富な技術をもっていましたが，それをむやみに繰り出していたわけではないのです。

　学級にいい意味での「緩さ」があり，**生徒たちに「ゆとり」があるの**です。ブレーキの「遊び」の部分のような感覚でしょうか。しっかり締めるところは締めて，任せられるところは**生徒たちを信用して任せてい**るのです。

　例えば，クラスマッチの計画などは教師が関わっても，練習のメニューなどは得意な生徒に委ねるといった規準をもっているのです。

これも一つの技術です。微に入り細を穿つだけではなく，自由裁量の余地を残しておく，その**バランスと懐の深いところを見せる**のは特に中学生にとっては有効です。

もう一つは，それぞれの先生方にはずば抜けた特長・特技がありました。生徒はその資質をもつ先生に敬意を抱いています。

「体育ではプロ顔負けの技術をもっている」「授業が面白くてためになる」「困ったことがあれば何でも相談に乗ってくれる」等。

それが何であろうと，その教師の**個性・強み**です。

尊敬されるまでは無理でも，一目置かれる先生，ユニークな個性を発揮できる先生は一点突破で生徒たちを引っ張ることができるのです。

> **これからのヒント　柔軟な対応と懐の深さ**
> 1．生徒の実態によって指導法を変えていく柔軟さも必要。
> 2．生徒の自主性を信用して任せる懐の深さも中学生には有効。
> 3．一点突破で生徒を引っ張れる力量を身に付ける。

担任としての信頼を回復する
学級の立て直し　その1

学級を立て直すには3つの段階を順に実践します。
まず，担任としての信頼回復に努めます。
具体的に担任としてなすべきことを以下に挙げます。

1　教室を掃除します

子供にやらせるのではなく担任が自ら行います。ゴミが落ちていたらすぐその場で拾います。子供が墨をこぼしたらすぐに拭いてきれいにします。子供にきれいにするように指導する段階ではありません。担任がいつも教室をきれいにしようとしている姿を見せるのです。

2　退勤前に板書通信を書きます

黒板にメッセージを毎日書いておきます。朝，登校した子供たちが見るように継続します。なるべくよいこと，励ますことを書きます。

3　学級通信を毎日発行します

手書きでも可。フォーマットを作っておき，生活の様子や学級の出来事などを書きます。慣れれば20分くらいで書けるようになります。保護者の信頼が得られます。

4　連絡帳にコメントを残します

子供が頑張ったことなどを週に一度くらいは書いてあげたいものです。ハンコだけでは意味がありません。

5　宿題にコメントやアドバイスを書き加えます

「がんばったね」の一言でも，あるとないでは大違い。励みになります。保護者は見ています。

6　教室環境を工夫します

　係活動を活用して子供の意見や考えを取り入れて楽しい環境にします。毎週何かが更新されているのが理想です。

7　教材研究を丁寧に行い授業に臨みます

　授業で具体物を用意する，あるいは自作資料などがあると子供のモチベーションが高まります。

8　子供の話は丁寧に聞きます

　まず受け入れます。子供の話は否定しないこと。そして命令しないこと。この2点に注意します。

9　欠席した子供がいたら必ずその日のうちに電話連絡を入れます

　2日休んだら家庭訪問が基本です。授業のノート（コピー）を持参できればさらに丁寧です。

　「**信頼を回復する**」ことの基本は，担任自らが行動して，精一杯の姿を見せるということです。一所懸命な姿は必ず見ていてくれる子供（保護者）がいます。心が通じなくて泣けてくる時も正直あるとは思います。その時は自分の気持ちを「**自己開示**」します。「先生は悲しい」という気持ちを正直に伝えます。人間（児童・生徒）を変える段階ではありません。それはまだ先のことです。まず，「**自分を変えること**」が第一です。

（【これからのヒント】は17にまとめて記します。49頁参照）

リレーションを作る
学級の立て直し その2

「リレーション」とは温かい人間関係，信頼関係のことを言います。

人間は，知らない他人のためには積極的に動こうとはしません。大切に思うから，大切に思われているから労を惜しまないのです。

学級が機能していない場合，担任と子供との関係は悪化しています。子供は担任を嫌っているのです。担任は冷静に「自分は子供たちから嫌われている」という事実を受け入れてしまった方がいいかもしれません。

しかし，それは，本当は「先生に認めてもらいたい」という気持ちの裏返しでもあるのです。どんな原因があるにせよ嫌われてしまった以上，学級経営は困難です。そこで第1に「担任としての信頼を回復する」ための手立てを実践しました。有効だったことは続け，上手くいかなかったことは引きずらないで別のアプローチを考えて新たな手立てを打ちます。**解決志向型**で一つ一つの実践を積み重ねるしかありません。

そのうち，少しずつ子供たちの反応に変化が現れてきます。担任に穏やかな表情を見せる子が何人か見受けられるようになってきます。

見ている子は見ているのです。

第2段階は，溝ができてしまった人間関係の修復を図ります。

1　担任と子供のリレーションを形成する

「ワンネス→ウィネス→アイネス」で子供たちに接します。

「ワンネス」とは，その人の立場になって共感すること。

「ウィネス」とは，その人のためにできることをすること。

「アイネス」とは，その人のために自分の考えを打ち出すこと。

この順番が基本です。ほとんどの教師はこれが逆になっています。最初に「こうしなさい」と言われれば素直に聞けない子もいるでしょう。

「どうした～？　何かあったの？　ああ、そうなのか～」（ワンネス）
「先生にできることあればサポートするよ、どうしてほしい？」
（ウィネス）
「先生は、君に自分で判断できるようになってもらいたい」（アイネス）

　まず、子供のどんな行為もいったん受け入れて、その立場で考えてみる姿勢で接します。わがままに思えることでも実は何か理由があるかもしれません。それを分かってもらえれば子供は教師を信頼します。

　次に、力を貸してサポートしてあげます。うまくいけば感謝されます。指導を入れるのはそれからです。

　つまり、「指導を受け入れる気持ち」すなわち担任とのリレーション・人間関係を整えてからでないと、何を言っても子供の心には響かないのです。

2　子供同士のリレーションを形成する

　SGE（構成的グループエンカウンター）やSST（ソーシャルスキルトレーニング）などのエクササイズを取り入れて、子供同士の人間関係を円滑にするのは有効な手段です。学級全体と担任が対立している場合は、実はまだいいのです。スクール（クラス）カーストが形成されていたり、陰湿ないじめが水面下で行われていたり、正直にがんばる子供が揶揄されたりするような子供同士の関係が悪化している場合は深刻な事態と言えます。ためらわずケース会議をもって学校全体で解決に向かえるよう、チーム支援、外部機関との連携、保護者との協力等、緊急に手立てを講じます。とりかえしのつかない事案が発生するリスクが迫っているという危機意識をもつべきです。

3　クラス全体のリレーションを形成する

　学校行事や特別活動を活用して，クラス全体で取り組める活動を企画します。中学校での実践になりますが，私の場合，一番効果的だったのは「映画制作」でした。(15分程度の短編映画。詳細は項を改めて説明します。)

　他にも学級で取り組める活動はあります。
　　・文化祭で大迷路作り
　　・学級で演劇上演
　　・学級で計画ハイキング
　　・学級で理科研究
　などです。

　学級の実態や発達によって他にも取り組み可能な企画はあると思います。

　子供たちの思いや願いを積極的に取り入れていきましょう。

　リレーションを形成するということは，クラスの**「絆を深める」**ということです。そして，それは楽をしてはできません。

　時間をかけ，苦労を重ね，困難を乗り越えて，はじめて得られるものなのです。

第1章 学級担任としての押さえどころ

子どもの目の高さで話を聞くのもよい。

17 学級にルールを取り戻す
学級の立て直し その3

　第1段階（信頼回復）を継続し，第2段階（リレーション形成）で，何らかの成果を出せれば，もうひとがんばりです。
　通常の学校生活を落ち着いて送れるように，学級に秩序を取り戻します。

1 「決まり」というより「秩序」

　ルールは「決まり」だから守らせなければならない，守れない時は指導しなければならない，担任は毅然とした態度を示さなければならない……。確かにそれは大事です。しかし，それで子供たちの不満が募り，担任との関係が悪化してしまったのなら，考え方を変えてみることも一つの方法です。

　「～しなければならない」と言う**非論理的思考（イラショナルビリーフ）**を修正して自らを拘束していた枠組みを一度外してみましょう。

　「～に越したことはない」と現実に合った考え方にシフトすることで，担任の心にゆとりが生まれます。ゆとりがないとメンタル的に自分を追い込んでしまうことになりかねません。ベテランだろうが，力のある教師だろうが，クラス全員の子供の心を完璧に掌握するなど無理な思い込みなんだ，と冷静に考え直してみます。

　よく考えると，本質は「落ち着いて生活できること」が大切なのに，「決まりを守ること」が大切になってしまっていることに気付きます。落ち着いて生活できれば，決まりは絶対条件ではありません。それにこだわるために負の連鎖に陥ってしまっているのかもしれないのです。

　本当に大切なのは**「学級に秩序があること」**

　言い換えれば，学級のために一人一人が自分なりの「気配り」や「思

いやり」や「やさしさ」をもって行動してくれればいいのです。

2　担任の自己開示とインフォームドコンセント（説明と同意）

　秩序を回復するには
・子供たちに話し合わせて自分たちでルールを作る。
・他の教師にもサポートに入ってもらって厳しくルールを守らせる。
などの方法もあります。

　集団で生活するには自分の都合を我慢することも教えていかねばなりません。担任は目の前の問題を早く解決したいので特効薬はないかと焦ります。

　しかし，一度荒れた学級が一日や二日で理想のクラスに生まれ変わるなどという神業は現実にはありません。だから心が折れないようにイラショナルビリーフの修正を行うのです。と言って，ルールもなく，子供が勝手気ままにふるまっている状態で手を尽くさなければ，学級は何も変わりません。

　そこで，担任として行うのは**「自己開示」**です。

　担任としての自分の思いを正直に語ります。

　その１，その２を経ていれば，多少騒がしくても話はできるレベルにはなっていると思われます。

　そこで，主語を「私は～，先生は～」として，「こんな学級にしていきたい，だからこのように協力してほしい」と，伝えます。ルールを押しつけないようにします。担任の思いを**説明**し，その方向性に**同意**を得られるように語ります。**（これをインフォームドコンセントと言います）**

　教師の自己開示で，子供の**「感情」**に訴えかけるのです。

　例えば，「朝の読書」について。

「たった10分間だけど先生はこの朝の読書の時間を本当に大切にしたい。
　本を読むだけでいい。
　先生も静かに本を読むから，みんなにも静かに本を読んでほしい」

と自己開示します。ポイントは次の３点です。

・**お説教にしないこと。**
・**命令ではなく自己判断の機会にすること。**
・**子供が納得できるだけの理由を教師がもっていること。**

　子供に「朝は自習した方がいいんじゃないですか」と言われたら，
「勉強したい気持ちは素晴らしい。その気持ちは先生もうれしい。
　朝の読書は心を落ち着けるだけじゃなくて，読解力がつく。
　また，知識を広げる効果もある。
　歴史の本や科学の本を読んでもいい。
　10分間読書に集中することで，きっと学習に役立つこともある。
　自分で取り組みたくなったら，いつでもすぐに始めよう」
〜くらいは言えるようにしておきます。
　それでも言うことを聞いてくれない子はいるかもしれません。
　しかし，中には取り組んでくれる子もいると思います。
　取り組まない子を指導する前に，取り組んでいる子を認めていきます。
　読んでいる本の話題でコミュニケーションをとります。
　そういう関わりをもてる子を一人，また一人と増やしていきます。
　このように，外堀から少しずつ固めていく，秩序のある学級の方が安心できて過ごしやすいという感覚を浸透させていくというタクティクス（作戦）も効果的です。

※以上，学級が機能しなくなってしまった場合からの立て直しについて
　　３段階に分けて説明しました。

これが最良と言えるかどうかはケースによりますし,他にも優れた手立てはあると思います。一つ確かに言えることは**「手を抜いたらダメ」**ということです。人によって方法やアプローチは異なっても一所懸命,熱心に精一杯,子供のために頑張ってくれる先生は,やはり信頼してもらえるものです。

　それは,真実だと思います。

> **これからのヒント　学級の立て直し**
> 1．学級を立て直すには,担任自らがまず変わること。
> 2．時間をかけ,苦労を重ね,困難を乗り越えて,クラスの絆はできるもの。
> 3．手を抜かず,子供のために精一杯担任としてできることを続けていく。
> ※注意！「担任が一人で抱えこんではいけません」
> 　担任として努力することは必要ですが,ヘルプをためらうべきではありません。これからの学校現場は「チーム力」を高めて課題に取り組んでいくことが重要と言われています。早めに相談し,チームで支えてもらうことも必要です。

18 困難は分割せよ
できる部分から着手していく

　【ひとりぼっちの学年会】(36頁)から，私が考えてまず実行したのは「クラスの男子生徒と遊ぶ」ということでした。

　学級の状態をよく観察すると，女子からの反発が大きな原因になっていることは明らかでした。担任に対する不信感が不満となり嫌悪感に変容していました。男子にもその傾向は若干見られましたが，女子ほどではありませんでした。そこで**まずは男子との関係を改善しよう**と考えました。そのためには，とにかく一緒に遊ぶことにしたのです。

　学級の時間はレクリエーションにして男子とソフトボールをしました。遊ばせてもらえるなら男子も私を拒みはしませんでした。女子には何も強制しませんでした。私はグラウンドで男子とソフトボールをしています。スコアをとって本気で試合をしているので白熱して男子は生き生きしていました。

　毎週一緒に遊んでいるうちに男子とは会話も弾むようになってきました。学級の時間，女子は教室にいてもいいはずなのですが，気になるのかグラウンドに来るようになっていました。ソフトボールの応援とも冷やかしともとれる態度ではありますが，そばで並んで観戦しています。私がバッターで三振すると，それみろ，とばかり拍手なんかをしています。

　私は心の中で「しめた！」と思っていました。

　今まで私に対しては反応することすら拒んでいた女子が冷やかしとはいえ，**リアクションを示すようになってきた**からです。

　その後，何人かの女子がぽつりぽつりと私に話しかけてくれるようになりました。なかなか全員というわけにはいきませんでしたが，学級の

雰囲気は少しずつ穏やかになっていきました。

そして，2学期。

学級全員で初めて短編映画の制作に取りかかったのですが，それについては次の項で説明します。

井上ひさし氏の短編小説『握手』に**「困難は分割せよ」**という言葉が出てきます。困難が立ちはだかった時，それを細かく分割して手を打てるところから解決していくことを教えてくれる言葉です。

時間も労力もかかりますが，ひとつずつクリアして困難の壁を低くしていくのです。

これからのヒント　困難は分割せよ

1．困難は細かく分けて，手の付けられるところから少しずつ解決していく。
2．その時できることを精一杯行う。
3．全部が解決しなくても改善が見られれば，やらないよりはよい。

19 短編映画を制作する
担任の存在が分かる

　私は，学級の立て直しのために**全員で取り組める活動**を模索していました。

　そこでリーダー格となる男子数名と案を練り，文化祭に向けてチャレンジしてみようと決まったのが「映画制作」でした。15分程度の短編映画でしたが，当時（1990年度／平成2年度）はまだパソコンのソフトが一般に普及しておらず，家庭用のビデオで撮影した映像を編集用の機材でダビングしながらつないでいくという気の遠くなるような作業が必要でした。しかし，ここで踏ん張らなければ学級をまとめることはできないと腹をくくって，このプロジェクトに取りかかることにしました。

　結果から述べると，映画制作を通して学級を何とかまとめることができました。

　そのメリットは〜

①脚本，監督，大道具，小道具，照明，音楽等のスタッフ，配役などすべての生徒が関わることができた。

②完成した作品を文化祭で上映し，好評を受けて達成感を得られた。

③作品をダビングして一人一人に配り，学級の思い出にすることができた。

④編集作業は監督の生徒と担任で長時間の作業になったが，一生の思い出になった。

⑤担任がいなければできなかったという思いを生徒が認識して，担任への信頼が回復し，高まることにつながった。

〜などが挙げられます。

　特に⑤のメリットが大きかったと思われます。それまで担任に対する

強い不信感を抱いていた生徒も，こればかりは**担任が関わらなければできなかった**と認識したことで，不信感がだいぶ軽減されたように感じました。

やはり「何をしてやったんだ？」という学年主任の言葉通りだったのです。

上映にあたって「NG集」も作って本編とセットで同時上映しました。これは受けること間違いなしと確信していたので，予想通り生徒にも観客にも大好評でした。映画制作には**NG集をセットで作成しておく**のはお勧めです。

現在は編集ソフトも入手できるようになったので，私が取り組んだ時よりもずっと作りやすくなっていると思います。

> これからのヒント　映画制作で学級をまとめる
> 1．たいへんだが，だからこそ担任の存在が分かって信頼感が高まる。
> 2．すべての生徒が役目を分担し，一生の思い出にすることができる。
> 3．NG集を作っておくとさらに盛り上がる。
> ※現在は映像編集ソフトが普及しているのでパソコンで作業可能です。

20 合唱祭で心を震わす
感動が人を変える

　文化祭で合唱祭（コンクール）を行う中学校も多いと思いますが，合唱の指導は音楽の授業だけでは足りず，学級担任も指導していかねばなりません。学級経営が軌道に乗っていても合唱の指導は担任として頭を悩ますところです。

　「音楽は専門外だから自分には無理」と諦めたらそこまで。コンクールで入賞する，しないは別にしても心に残る合唱にしたいものです。

　なぜなら，合唱は**「心を震わす」ことができる取組**だからです。

　以下に，よく聞かれる課題点とその対処法を挙げてみます。

①担任が音楽に疎く指導に自信がない→だからこそ音楽が苦手な生徒と一緒に練習できる。

②男子が歌おうとしない→男子が歌うようになれば，より感動的になる。

③全体的に声が小さくだらけている→勝つための秘策を生徒に考えさせるチャンス。

④歌っているのだが音程がとれない→音程をとる工夫，練習方法の話合いをもち，協力し合う。

⑤合唱に意味を見つけられない→担任としての信念を確認し，打ち出すチャンス。

　特に②の「男子が歌わない」ことで学級がギスギスしてきます。

　なぜ男子は大きな声で歌わないのか？　原因はいくつかありますが，一番の原因は「恥ずかしい」のです。何が恥ずかしいのか？

　それは自分の歌声に「自信をもてない」からです。正確に歌えて，女子からも「上手だね」「かっこいいね」と言われれば男子もけっこう歌うものです。男子にしっかり声を出させるには，上記のような言葉かけを

するようにあらかじめ女子に根回しをしておきます。そして，音程がとれない男子にはみんなの前で恥をかかせないよう別の場所で個人レッスンを行います。なぜ音程がとれないのかというと，それは自分の声をしっかりモニター（聞いて確認）していないからです。なるべく小さい部屋，つまり伴奏と正確な模範唱とがよく聞こえる環境で自分の声をモニターしながら練習します。その他にも合唱の練習方法はたくさんありますので，学級の実態にあった練習方法を自分たちで調べながら工夫してみるとよいでしょう。

そして，問題は⑤です。中学生にとって合唱は面倒な取組なのです。ロックバンドのようなカッコよさはありません。

しかし，担任は知っていなければなりません。学級全員が心を一つにして，力の限り歌いきった時，拍手の中で心が震えるような**感動の体験があること**を。それを伝えるのです。

「学級のみんなで体験しようじゃないか。大人になったら二度とできない経験だから！」

全体に呼びかける前に，指揮者，伴奏者，パートリーダー等には，あらかじめ話を通しておきます。また，日頃から合唱祭に向けて**意識付け**を図ります。

以下が意識付けの視点の例です。

※こんなクラスが金賞を獲っていた「学級通信ザイル」（1999年度）より
①女子の仲がよく，男子が明るい。
②給食の時間の会話が楽しい。
③掃除をさぼらないで行っている。
④英語の授業で大きな声で発音している。
⑤音楽の授業態度が真剣である。
⑥指揮者の言うことを聞こうという雰囲気がある。
⑦うまく歌えてもまだまだだと思っている人が多い。
⑧お互いに声を掛け合って練習に取り組もうとしている。
⑨担任がいない時でも自然に練習しようという声があがる。
⑩絶対金賞を獲ってやろうと全員が燃えている。
◇うちのクラスはいくつあてはまるだろう？

中学校で3年生を担任した時，合唱コンクールに向けて，私は学級の生徒たちにこんな声かけをして練習に臨みました。
「俺たちの合唱で会場にいる人たちを泣かす！　勝ち負けなどというレベルではない。俺たちの合唱の目標は感動だ！」
　練習につぐ練習。
　そして，本番直前のリハーサルで精一杯声出しした後，私は学級の生徒に問いかけました。
「よし！最高の仕上がりだ。最後に確認する。合唱は誰のために歌うんだ？」
　生徒たちは一斉に応えました。
「みんなのため！」
　私はこの時とばかり，生徒に向かって叫びました。
「違――う！！」
　生徒たちは虚を突かれたように一瞬不安な表情になりました。
　私はすかさず叫びました。
「合唱は……**自分自身のために歌うんだ！！**」
　生徒たちは両手の拳を天に突き上げて「うぉ～～～！！！」と叫び，ステージに向かいました。
　結果は……金賞（優勝）でした。

これからのヒント　合唱で感動するために
1．男子に自信をもたせ，しっかり声を出せるようにする。
2．リーダーの生徒中心に練習の方法に工夫を凝らす。
3．日頃の生活から合唱に向けての意識・意欲付けを図る。

コラム　組曲：青春

　中1を担任した翌年の春。今年は中2に持ち上がれるかなと期待していたら，一つ飛び越して中3の担任だった。学級名簿を見ながらどんな学級にしていこうかと考えた。
　特技欄のピアノに二重丸の付いている女子生徒がいた。これをうまく活かすことはできないものだろうか？私は秋の文化祭合唱コンクールに向けてすでに思いを巡らせていた。
　修学旅行が終わり，少し落ち着いた1学期の半ばに，私はピアノが得意な生徒を含む数名のパートリーダー，指揮者，伴奏者候補のメンバーを放課後教室に集めた。2学期までに合唱の自由曲を選定するためのミーティングである。
　私は言った。
　「みんな金賞（優勝）獲りたくないか？」
　生徒たちは異口同音に言った。
　「そりゃ獲りたいよ。でも，あたしらのクラスじゃ無理じゃない？」
　「なぜ，そう思うんだい？」
　「だって，みんなヤル気ないし。バラバラだし……」
　「じゃあ，ヤル気になればいいんだな？」
　「先生，簡単に言うけど，そんなうまいアイデアなんてあるの？」
　私は強く言い切った。
　「秘策は……ある！」
　「先生，秘策って，何？」
　「いいか。よく聞いてくれ。クラスをまとめるには普通の方法じゃダメだ。もっとみんなが自分たちの合唱に誇りをもって歌う必要があると思うんだ。実はこのクラスはそれができるんだ。ピアノは学年一番の○○がいる。指揮者もいる。このメンバーならきっとできるんだ。」
　「先生，結局秘策って何なのよ。」
　「自由曲は……自分たちで創る！」
　「ええ～～～！！作詞・作曲？？」
　生徒たちは冗談とでも思ったのか，冷ややかに笑いながら言った。
　「何言い出すかと思ったら……無理に決まってんじゃん」
　予想していた反応だったので，私は落ち着いて言った。
　「大丈夫だ。無理じゃない。合唱の構成も考えておいた。分担して創れるように4楽章構成の組曲にしよう。ちなみに第1楽章だけは見本に先生が創ってきた。聴いてくれるか？」
　「聴く，聴く～！」
　私はギターの弾き語りで第1楽章をその場で歌って聴かせた。
　生徒たちは黙って聴いていた。
　「どうかな？いけそうか？」
　「先生！超～感動！やろう，やろう！」
　「先生，曲名は何ていうの？」
　「ん？曲名は『組曲：青春』だ！」
　「マジ～？？ダサくない～？」
　こうして自由曲を自分たちで創作して歌うというプロジェクトが動き出した。
　そして，自分たちで創った自由曲で臨んだ合唱コンクール。
　金賞こそ逃したものの「組曲：青春」は学級の生徒たちの胸に深く刻まれた。
　歌に魂を込めるという経験をすることで学級をまとめるができた。
　生徒たちと一緒に歌ったメロディは今も心の中に響いている。

「組曲：青春」第１楽章　（1997年／平成９年　江戸崎中学校３年７組）

段ボールで大迷路を作る
学級の一体感を高める

　中学校の文化祭で学級として取り組む活動で、仲間としての一体感を高めるのに効果のある実践です。

　文化祭では、例えば「お化け屋敷」「模擬店」「ゲームコーナー」などの発表ブースが企画されますが、これから説明する「大迷路」はシンプルながらドキドキ感があり設計から作成、当日の運営まで**学級全員で取り組める活動**です。元々は私が高校生の時に仲間たちと作った段ボール迷路を参考に中学校の学級作りの取組の一つとしてアレンジしたものです。（詳しい作成手順は次頁・図）

1　担任からの提案
　子供たちは未経験のものはイメージできないので、担任が迷路の特徴をよく説明し、学級の同意が得られたら取り組みます。
　ポイントは次の5点。
・机と段ボール、ガムテープのみで作成。
・手と膝をついて進みます。
・一切の光を遮断するので真っ暗。
・シンプルだからこそドキドキ感が味わえます。
・材料は少しずつ回収し、本番前日に作成します。
2　段取り
・迷路の設計図作成者を選出します。
・足りない机を調達し、高さをだいたいそろえておきます。
・あらゆる所へ行って段ボールを分けてもらってきます。（挨拶、お礼をよく指導します）
・ガムテープ（布製）は予算申請します。
3　作成
　本番前日に一気に作成します。設計者をリーダーに全員で行います。
　初めて作るとなると3～4時間はかかるので、あらかじめ下校時間延長等の申請を行い、保護者にも連絡しておきます。
　完成したらまず、自分たちで体験します。かなり盛り上がります。
4　当日の運営
　入場係、修繕係、広報係などを時間制ローテーションで分担します。
　人気が高いので達成感を十分味わえます。
5　撤収作業
　全員で速やかに撤収を行います。段ボールはすべて重ねて燃えるゴミの日にすぐ出せるようにしておきます。

第1章 学級担任としての押さえどころ

段ボール迷路の作成手順

① 教室に机がいくつ並ぶかあらかじめ机の面積のマス目を作り、迷路の設計図を作っておく。
　（※　設計図の作成について）
② 教室の全ての物品を取り出し、床のごみをきれいに掃除する。（少しのでっぱりもなくす）
③ 床の全面に段ボールをフラットに敷き詰める。継ぎ目は布ガムテープで丁寧に貼り付ける。
④ 設計図を見ながら机を迷路の形に置いていく。
⑤ 通路が確認出来たら、まず机の足（段ボールについている部分）を布ガムテープで固定する。
⑥ 机が固定出来たら、机の側面（壁にあたる部分）の段ボールを貼り付けていく。
　床の段ボールと接する部分を入念に布ガムテープで接着する。
⑦ 机の上を覆うように天井部分の段ボールを机の上に貼り付けていく。
⑧ 光が漏れているところはないか確認して大丈夫ならば、大迷路の完成です。

※　＜設計図の作成＞　一つのマス目が机一つの面積を表すようにします。

（矢印に沿って進むと最短で抜け出せます）

・迷路の基本は下記【A】の構造です。平面迷路はそのバリエーションです。

【A】　　　　　　　　（バリエーションの例。生徒に考えさせます）
入口　　　　　　　　　入口　　　　　　　　　入口

出口　　　　　　　　　出口　　　　　　　　　出口

これからのヒント　段ボールで作る大迷路の効果

1．当日までの段取り，準備活動が生徒にとって体験的な学びの機会になる。
2．多くの人と関わることができ，喜んでもらうことで達成感・成就感を味わえる。
3．活動を通して学級の一体感が深まり，互いのよさを認め合うことができる。

理科研究に取り組む
学びの基本がここにある

　自らの課題を自ら考えた方法で解決する力，すなわち課題解決能力の育成は教育の普遍的な目標の一つです。理科研究（科学自由研究）への取組は，課題の設定，仮説から方法の工夫，観察・実験による追究活動，データの累積・分析における数理的処理，考察における対話的活動と深い学び，そして，研究をまとめるための言語活動など，教科を横断した**学びの基本**(エッセンス)がほとんど活用されていると言えるでしょう。

　理科の専門であれば，ぜひ取り組んでほしいものです。また，専門外であっても子供たちの科学への興味・関心を引き出せるようサポートしてください。

〈理科研究の指導法〉

①**個人研究の場合**　○→小学生の場合，保護者の協力があるとよい。
　グループ研究の場合　○→男女混合でメンバーを構成すると役割分担が効率的。

②**研究課題の設定**　○→「子供の疑問，発想」「既習内容からの発展」「まだ研究されていない課題」　×→「他の研究の焼き直し」「すでに研究されているもの」

③**研究の仮説・方法**　○→子供の発達段階に合った子供らしい発想で。失敗も大切な学び。改良を加えて精度を上げる，データを累積することが大切。

④**記録は野帳に**　○→研究の進行についてすべて書いておく。研究データの拠り所。写真，図，調べた切り抜きやコピー，気付いたこと，感想など。定期的に指導者が朱筆でアドバイスや留意点などもコメントしてあげるとよい。

⑤**研究計画の立案と確認**　○→提出日から逆算して日程の目安を伝え，見通しをもって取り組めるよう指導者が確認する。×→子供，保護者任せ。（二度手間になるおそれあり）

⑥**理科研究に取り組む素地作り**　○→日頃から理科好きの子供に，疑問をもつことの大切さを伝え，理科研究の取組への意欲を高めておく。グループリーダーになりそうな児童生徒に呼びかけておくとよい。理科主任，理科免許をもつ教員と連携することも必須。

　私の専門は国語なのですが，若い頃はクラスの子供たちと毎年のように理科研究に取り組んでいました。中学校ではクラス全員でプランクトンの研究に取り組んだこともあります。理科研究の指導を通して実感したのは**主体的に学ぶことの大切さ**です。これからの授業づくりにも役立つことと思われます。

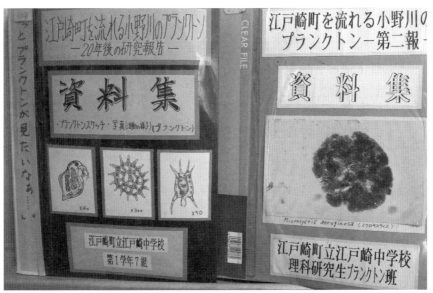

※3年間継続研究した『江戸崎町を流れる小野川のプランクトン』

> **これからのヒント**　理科研究（科学自由研究）に取り組むポイント
> 1．課題解決能力を育成するのに最適。子供の発想を大切にする。
> 2．男女混合メンバーで取り組むのが成功への秘訣。
> 3．指導者として野帳の定期的な確認と助言は欠かさない。

この子さえいなければ…
生徒指導におけるリフレーミング

「この子さえいなければ，学級だってうまくいくのに……」

言ってはいけないことですが，つい愚痴りたくなる気持ちになる時だってあるでしょう。しかし，そう思ってしまうと教師のそのネガティブな感情は子供に伝わってしまうものです。「自分は邪魔者扱いされている」子供が教師や大人からそのようなレッテルを貼られているのが分かったとしたら，よくなるはずがありません。

どんな子供でも他の子供と同じように公平に接するようにしたいものですが，あまりにも素行が悪いとなかなかそうは思えないものです。

そこで，通知表の所見を書く時に使う「**言葉のリフレーミング**」を参考に「**生徒指導におけるリフレーミング**」を作成してみました。

例えば，

「ひねくれている子」→「悲しみをもっている子」

「みんなに迷惑をかける子」→「みんなで支えてあげたい子」

「手のかかる子」→「先生の助けを求めている子」

という，**考え方の転換**です。

どうしてこんなにひねくれてしまったのか，というくらい可愛気のない子がいたとしても，その子のささくれの原因がどこにあるのか，別の角度から考えてあげられる視点をもちたいものです。

それが**リレーション**（温かい人間関係）を形成するための大切なポイントの一つです。

また，「～しなければならない」等の非論理的な思考を**イラショナルビリーフ**と言い，教師のストレスの原因となります。

「～するに越したことはない」等の現実的な実態にそった考えに修正

第1章 学級担任としての押さえどころ

することもメンタルを維持するためには有効です。

〈リフレーミングの具体例〉

- 授業に集中できないし…………→ワクワクするような授業にしてみよう。
- おしゃべりばかりしているし…→発言させて授業の進行に一役与えてみよう。
- 友だちにちょっかい出すし……→まわりの子を育てるきっかけにしてみよう。
- トラブルメーカーだし…………→チームを組んで目を離さないようにしよう。
- クラスの雰囲気も悪くなるし…→まずは担任が笑顔で、イライラしないようにしよう。

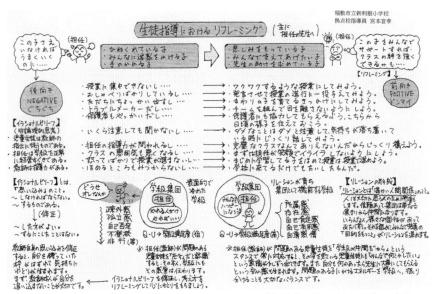

※初任者研修資料「生徒指導におけるリフレーミング」校内研修でも活用(2018年)

これからのヒント　リフレーミングで子供の見取り方を変える
1. 子供を一元的に見てレッテルを貼らないように多角的に見る。
2. 考え方の転換(リフレーミング)はリレーション形成のポイント。
3. 教師のストレスの原因となるイラショナルビリーフを修正する。

温かさがにじむ通知表の所見
保護者の心で読んでみる

　通知表の所見の書き方で私には目標とする先輩がいました。その先生が書いた所見は，担任として子供を思う気持ちが伝わってきて，心がじわぁっと温かくなるのです。これは文章表現以前に，担任として子供に対する姿勢に見習うべきものがあるのです。小手先の技ではなく**根本的な教師としての在り方**を教えていただきました。

　とは言え，所見の作成にも技はあります。文例集なども多く出ています。それらを参考にするのもよいでしょう。

　所見は子供のよさを褒めて伸ばせるように書くのが基本です。よく「この子は怒られてばかりで褒めるところがない」というようなぼやきを耳にすることがあります。よく観察すること，記録を取っておくことが大切ですが，褒めることが極端に少ないのなら**褒めることを作ってあげればいい**のです。不登校で学校に来ていないから何も書けないという場合も，家でできることに取り組めたということを書いて励ましてあげたいものです。

　具体的に書くことも大事です。その子供が頑張ったことについて，どんな様子で頑張っていたのかを具体的に書きます。所見を読めばその子供の名前が浮かんでくるのがよいと私は教えてもらいました。

　文章表現も同じ表現がなるべく重ならないように配慮します。通知表は見せ合ったり比較したりするものではありませんが，**リフレーミング**（前項23）を活用して多様な表現を心がけたいものです。

　そして，最後に**保護者の心**になって読んでみます。

　温かい気持ちが湧いてくれば，保護者も子供も「また頑張ろう」という気持ちになれるよい所見になっています。

保護者は担任が自分たちの子供をどのように見ているのかを気にするものです。厳しく指導してほしいと言ってくる保護者もいますが、その言葉通りに受け取ってはいけません。保護者にとっては子供への対応が学校教育に対する評価の規準になりますから、教師が安易に、〇〇さんは理解してくれているから、などと思い込まないように気を付けたいものです。

〈例〉「漢字の練習を頑張って力をつけた」
　△→「漢字の習得に努力が見られました。これからも油断せずに家庭学習を継続しましょう。」
　○→「国語では新出漢字を辞書で確認し、自ら繰り返し練習を重ねて多くの漢字を覚えることができました。一つ一つ確実に学ぼうとする頑張りが家庭学習の丁寧なノートにも表れています。」

「リーダーとして活躍した」
　△→「遠足ではグループのリーダーとしてメンバーをよくまとめました。」
　○→「遠足のグループリーダーとしてメンバー一人一人に声をかけ、グループをまとめようとする姿が見られました。リーダーを経験したことで自信をもって学級活動にも取り組んでいます。」

「掃除に取り組めるようになってきた」
　△→「最初の頃はうまくできなかった掃除も少しずつやり方を覚えて取り組む姿が見られるようになってきました。」
　○→「掃除の手順を覚え、毎日の振り返りを行うことで掃除を手際よく行うことができるようになりました。進んで隅々まで丁寧にきれいにしようと心がける態度が育ってきています。」

これからのヒント　通知表の所見（留意事項）
1. 保護者の心で読んでみる。温かい気持ちが伝わるように。
2. 所見を読めば誰のことか分かるように具体的に書く。
3. リフレーミングを活用して表現は多様にポジティブに。

コラム　生徒の涙，先生の涙

　私のクラスに，クールだがやさしいところもあるA子という生徒がいた。
人柄もまじめである。
目立った活躍はしないが，勉強も頑張っていた。

　三者面談の時のことだ。

　A子は県立の進学校と呼ばれる高校の受験を希望していた。
それをあらかじめ確認していた私はその方向で話を進めようと資料を準備していた。

　受験で大切なのは，実は第二志望である。
もちろん第一志望校に合格することが一番いいのだが，第二志望の学校が自分にとって十分魅力があり，たとえ第一志望の学校に落ちたとしても納得して第二志望の学校に進学できるのなら，第一志望合格の可能性が危ういとしても，ここはGOである。
押さえの私立高校の受験についても事前にA子から聞いていた。

　ところが，三者面談に来た母親からは意外な言葉が飛び出した。

「県立高校は家から歩いて通える○○高校を受験させます。私立高校は受けません」

　私は驚いて問い返した。
「えっ，なぜですか？」

　母親は言った。
「ゆうべA子にも伝えたのですが，うちは今，経済的に苦しいのです。A子が進学したい高校は交通費もかかります。それにもしそこに落ちたら私立に行くことになります。うちにはそんな余裕はないんです。進学校じゃなくても絶対安全圏の県立高校しか行かせられないんです。A子もそれは理解してくれました」

　私はA子に聞いた。
「A子，今，お母さんから事情はうかがったけど，それで自分は納得したのかい？」

　A子は黙ってうなずいた。
その時，A子の机の上に，
ポタポタポタ……と，大粒の涙がこぼれて落ちた。

　A子は，理解はしたのかもしれない。

68

しかし，納得できないのが痛いほど伝わった。
母親もそれは感じ取っているのか，涙ぐんでいた。

しばらく沈黙が続いた。
私はこう告げた。

「分かった。A子。○○高校が第一志望だな。
　それなら先生，推薦書，書いてあげる。
　あなたなら十分推薦条件はクリアできる。
　校内の推薦判定会議も絶対大丈夫だと思う。
　だから自信をもって進学しなさい。
　そして，いいか，A子。
　3年間通して学年のトップ10に必ず入れ。
　あなたならできる。
　高校の先生からきっと認めてもらえる。
　そうすれば指定校の推薦をもらえるはずだ。
　保育士になるのがA子の夢だったよな。
　大学に進学して絶対叶えような！」

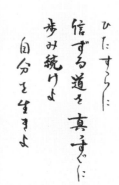

A子は泣きじゃくってうなずいた。
私はやりきれない思いを抱えて面談を終えた。

その後，A子は推薦で近くの高校に進学していった。

この話には後日談がある。

3年後。
私が部活動の指導をしていると，A子がひょっこり現れた。

「お～～久しぶりだな～A子，どした～？」
ちょっと大人っぽくなったA子は照れくさそうに，こう言った。
「えへへ，先生。保育科の短大，推薦もらって受かったよ。
　約束通りずっとトップ10キープしたよ。
　けっこう○○高校も楽しかったよ！」

それを聞いて，私は目頭が熱くなった。
「よくがんばったなぁ！」
涙でA子が滲んで見えた。

そして今，A子は元気に保育士の仕事に励んでいる。

公平・平等を徹底する
人権尊重・人権意識の涵養

　子供たちが教師に対して一番不満に思うことは何でしょう？それは「えこひいき」されることです。特定の子だけ優遇され，それ以外の子は同等に扱われないことを極端に嫌がります。これは人間として当然のことです。私たち人間は**等しく接してもらえること**を望んでいます。それは子供でも同じです。

　例えば，身体的に不自由さがある子供に教師がサポートをしているのを「えこひいき」などと言う子はいません。**合理的配慮**の必要性は小学生でも分かります。私たち教師が厳に慎まなければならないのは，いわゆる「よい子」だけを「かわいがる」ことです。

　学級経営，生徒指導の基本は，子供の人格を大切にすることです。確かに対応に苦慮する子はいます。しかし，それはその子の人格の全てではありません。見方を変えれば，聞き分けのよい子にも別の一面があるのが普通です。どの子にも様々な面があるので一元的にとらえず，先入観や固定観念でその子を見ないで，常にニュートラルな視点で**公平に子供を見ること**が重要です。一人ひとりを大切にする学級経営は人権教育につながります。中学校でも，生徒自らが自分自身や仲間を大切に思う気持ちを日頃から育てます。

〈例〉　公平・平等を意識させる手立て
「給食の配膳」→ 残ったものは公平に分ける。一つのものは半分に。半分のものは1/4に分けるように。全部食べ切れない場合は個人譲渡せず，お代わりとして平等に分けられるように徹底する。
「席替え」　　→ 基本はクジ引き。公平さを尊重。（お見合い形式は発言力のある子がしきってしまう。学級の実態により教師が考えて決める場合もある。その場合は，子供の要望や配慮事項も考慮する）
「日直」　　　→ 原則は一人で行う。誰もが平等に回ってくるように。

第1章　学級担任としての押さえどころ

　学級のルールは常に**公平・平等**を念頭におき，学級経営の基本に置きます。また，教師として気を付けなければならないのは，人権を軽んじるような発言です。発言した本人に悪気はなかったとしても受け取る側で傷つくようなことがあれば，信頼を失ってしまいます。

　人権教育については，34「魂の授業を行う」の中でも提起します。

※学級通信「ザイル」より（1999年）

これからのヒント　人権尊重・人権意識の涵養
1．子供の人権，人格を尊重し，えこひいきはしない。
2．子供を先入観で見ない。
3．給食など日頃から公平，平等の意識を学級経営の基本に置く。
4．人権を軽んじるような発言をしないよう十分注意する。

26 不登校への対応
葉書通信を続ける

　不登校の児童生徒への対応で最も戒めなければならないのは「あきらめてしまうこと」です。前年度から全欠だから今年も無理かな，と思ってしまったら，また1年間過ぎてしまいます。学校に来ても来なくても学級の一員です。基本は同じに接することです。

　ただし，個人の実態や家庭の事情，保護者の考えも十分汲み取って，その子に合わせたアプローチをしていきます。ここでは4月から欠席している場合についての対応を例にとりますが，不登校への対応の基本は**その子とのつながりを保ち続けること**です。

　最低でも週に一度は家庭訪問をします。本人に会えれば学習の相談に乗ったり話をしたりできます。保護者にも訪問の予定を伝えておき，了承がとれれば一緒に相談ができます。学校からの通知や連絡も抜けないよう必ず持参します。急を要する文書などは日付が過ぎないように気を配ります。（日付の過ぎた文書を受け取る保護者の気持ちを考えます）

　登校刺激の方法については生徒指導部会等でもよく検討し，保護者の意向や本人の実態も考慮して慎重に進めます。

　長期の不登校児がいきなり復帰することは難しい場合が多いと思われます。中には生活が昼夜逆転している場合も見られます。本人ともよく話し合い，保護者にも協力してもらって，できることから少しずつトライしていきます。

　例えば，「興味のある本を読んでみる」「家の手伝いをしてみる」「日記をつけてみる」「できる勉強をしてみる」等，どんな小さなことでも**何かしら始めてみる**ということは大切です。

　そして，はじめから学校に来るというステップを求めず「まずは適応

教室に行ってみる」「異年齢の人が集まるサークルに行ってみる」等，少しずつ人と関わりをもつ体験を行い，励ましていきます。

　また，その子に向けて学級通信の代わりに**葉書を使って通信を郵送する**方法もあります。私は週に1枚を目安に葉書を送るように心がけていました。私が中学1年生で担任していた時にはなかなか解消するまではいかなかった生徒が，その後，少しずつ登校できるようになった事例もあります。つながりを切らずに粘り強く関わり続けていたのが，よい方向に向かった例です。

　不登校の解消には時間がかかります。解消せずに卒業を迎えてしまうかもしれません。しかし，担任の先生と関わった経験はきっと残ります。

これからのヒント　不登校への対応（つながりを切らない）

1．学校（担任）とのつながりを保ちつづける。
2．最低でも週一度は連絡を取る。
3．原因を探るより，できることから始めるようにする。
4．葉書通信もつながりを保つ手立てになる。

いじめへの対応
孤独には耐えられても孤立には耐えられない

　いじめを苦にした不登校や自殺などの痛ましい事例が後を絶ちません。

　「いじめ防止対策推進法」が制定され，いじめの認知件数が報告され，予防プログラムが実施され，道徳教育が見直され，学校が組織的に対応しているにもかかわらず，です。

　なぜか？陰湿ないじめは，人に知られず行われています。深刻なのです。私たち教師は，まずその闇の深さを知らなければなりません。さらに，子供の生きている世界は大人が考えている以上に狭いということを知るべきです。子供には学校と家庭，それに加えるとすれば塾や少年団くらいしかありません。学校でいじめにあい，家庭で保護者にも言えず，友人たちからも見放されてしまったら他に行くところがないのです。**人は孤独には耐えられても孤立には耐えられない**のではないでしょうか。子供が救いの道を閉ざされてしまったら，死を選択してしまう危険性は十分考えられます。死ぬことよりもいじめられて辱めを受けることの方がつらいと思う心理を知っていなければ，いじめが引き起こす悲劇を食い止めることはできません。

　また，いじめが解決し，収束したかに見えても本当に根絶したかどうかは慎重に判断しなければなりません。

　いじめられている子供をどうすれば救えるのでしょう？

　それは一刻も早く安全を保証してあげることです。以下はあくまでも私見ですが，保護者とも相談し，転校して今までの関係を断ち切って，新たな生活にリセットするのがよいと思われます。陰湿ないじめ事案の場合，被害者の命を守るために**緊急の対応**を選択すべきです。

しかし，家庭の事情や保護者の考えもあり，すぐに転校や適応教室等への避難が難しい場合もあるでしょう。その時は校内で被害者である子供を守り抜くための監視体制を徹底します。自宅を出る時から帰宅する時まで片時も目を離してはなりません。**デッドタイム（死角の時間）**をわずかでもつくってしまえば必ず何か起きるという危機意識をもって対応することです。さらに，携帯電話などにも細心の注意・監視を入れます。本人が全ての情報をシャットアウトしても陰湿なアプローチが入る可能性もあるからです。

　一人の子供の命・人権を守り抜くためには，**想定される脅威をすべて防ぐ覚悟**で臨まなければならないのです。

〈参考資料〉
「学校におけるいじめ問題に関する基本的認識と取組のポイント」（文部科学省）
平成18年10月
１−③　学校における取組の充実
「いじめられる児童生徒には，保護者の希望により，関係学校の校長などの関係者の意見も十分に踏まえて，就学すべき学校の指定の変更や区域外就学を認める措置について配慮する必要があること。この場合，いじめにより児童生徒の心身の安全が脅かされるようなおそれがある場合はもちろん，いじめられる児童生徒の立場に立って，いじめから守り通すため必要があれば弾力的に対応すべきこと」

これからのヒント　いじめへの対応（子供の命を守るために）

1. 教師として肝に銘じること。
   1）いじめは水面下で行われる。
   2）子供の選択肢は少ない。
   3）いじめはすぐに解決しない。
2. 人間は孤独には耐えられても孤立には耐えられない。
3. 解決の前にまず安全を確保する。（1日も早く関係をシャットアウトする）
4. 子供を守り抜くにはデッドタイムをつくらない。

人は人と関わって人間になる
地域社会との関わり

　「社会に開かれた教育課程」「チーム学校」「コミュニティスクール」など現在の学校教育は，**地域社会との関わり**を重視するようになっています。かつて学校がなかった時代には社会が子供たちの教育を担っていたのですが，組織的・効率的に教育を授けることができる「学校」という教育システムが浸透した現在では，「教育は学校で」という考えが常識になっているのです。

　そこで，あえて誤解を恐れずに言うならば，学校に偏りすぎてしまった教育を社会全体の責任として戻していこうという考えがあるのではないかと思われます。さらに正直なところを言えば，もう学校だけでは教育の全てを負うことには無理が生じているのかもしれません。

　社会の教育力を学校に活かしていくために，私たち教師はどうすればよいのでしょう。物的資源・人的資源の活用が考えられますが，やはり子供たちにとっては地域社会の人材の活用が最も効果が高いと思われます。**人は人と関わって人間となる**のです。これから社会に出て多くの人と関わっていかなければならない子供たちにとって，学校教育の中で地域の大人たちから学ぶことはたいへん有益な学習になります。

　特に，**「総合的な学習の時間」**は学校に具体的な活動内容が任されているため，教師にとっては頭を悩ます教科ではありますが，地域に関する学習を取り入れて地域の人材を積極的に活用していきたいところです。また，特別の教科道徳，防災教育，キャリア教育等におけるゲストティーチャーの活用，教科における調べ学習・体験学習におけるフィールドワーク等，教室から地域に出ていって学ぶことも意欲を高める学習です。

地域の協力を得るためには，日頃から地域の人々と学校が関わりを密にして**人間関係をつくっておくこと**が大切です。管理職任せにせず，教師も自ら地域に出向いていって話を聞いてくることが必要です。子供たちも地域のために挨拶運動に参加したり，花の苗を植えたり，定期的に活動を続けることで関わりができてきます。

地域の協力を得ようと思ったら，学校の都合だけ考えてはいけません。**常日頃から関わりをもっている**からこそ，「学校の頼みじゃ断れないなぁ」と言っていただけるのです。

> **これからのヒント** 地域の協力を得るために
> 1．地域学習，地域人材を活かした学習を。
> 2．人と関わることを学ぶこと。
> 3．日頃から地域に出て人間関係をつくっておく。

コラム　凍ったピザ

　中学生が独居老人宅の訪問をボランティア活動の一環として行っていた時のことです。
　一人暮らしのお年寄りとの交流を目的に，中学生が数人ずつ定期的に訪問活動を行っていました。
　お年寄りの皆さんには，まるで孫が来たかのように喜んでいただけて，温かい人と人とのつながりを学ぶことのできる活動でした。

　ある時，訪問から戻ってきた男子のグループが報告に来て，こう言うのです。
「先生─，今日はまいったよ！」
「どうした？何か問題でもあったのか？」
「問題…ってかさぁ．なぁ，あんなの初めてだったよなぁ！」

　聞いてみると，こんなことがあったのだそうです。

　男子のグループ（けっこうやんちゃなメンバー数名）が，ある一人暮らしのおばあちゃんを訪問しました。
　おばあちゃんはとっても喜んでくれて，中学生にジュースを出してくれたり，お煎餅をすすめてくれたりして，和やかな雰囲気だったそうです。
　おばあちゃんは
「若い人にはこんなのがいいかと思って買ってきたのよ。よかったらこれも食べて」
と言ってピザを出してくれました。

「いただきまーす！」

と，食べようとした生徒はギョっとしました。

　ピザは冷凍のままだったのです。

「それで，みんなどうしたんだ？」
「先生，食ったよー！そのまんま」
「冷てぇ～っていうか，固い～っていうか，歯が折れるかと思ったよなー！」
「根性出したよなー俺ら。うまい！って言ったもんなー！」

　中学生が来てくれる。
　若い人の口に合うものを用意したい。
　でも，ピザなんてどう食べるものだか，おばあちゃんは知らなかったのです。

　しかし，おばあちゃんのその気持ちに，
　やんちゃな生徒たちは
「うまい！！」
と言って，こたえたのでした。

第2章
授業の根幹に関わる本質の技術

　教師の本領は授業。
学習課題の提示，発問，板書，授業形態等さまざまな技術があります。
　ここでは授業の根幹に関わる本質の技術について述べます。

人はみな
話そう笑そうつこだれて
時にあげても
あした信じて

ダイナミックな授業の創造
場,人,心を動かす!

「分かる授業」「ためになる授業」「楽しい授業」「知的なおもしろさに満ちた授業」……授業の内容によってねらいとするところは違っても子供にとって「わくわく」するような授業を教師ならば行いたいものです。

では,どうすれば子供たちの学ぶ心をわくわくさせることができるのでしょう?その一つが**「ダイナミックな授業の創造」**だと私は考えます。授業を活動的・躍動感あふれるものにすること,**動きのある授業**にすることです。

そのためのヒントを以下に3点挙げます。

1 場を動かす

授業の導入を工夫して教室の空気を動かします。「これから何が始まるのだろう?」と子供たちが期待を抱けるような導入を考えます。

・魅力的な学習課題の提示
・これは何だろう?という疑問の喚起
・早く取り組んでみたい!という期待感
・こうすればいいんだなという学習の見通し

モチベーションを高めることがまず大事です。

2 人を動かす

子供が一番苦手なのはじっとしていること。ならば身体を動かして子供の活動を増やします。そして,本当に動かすのは頭の中,思考です。考えることを大切にします。

・グループワークなどの対話的,協働的,交流的な活動
・教師主体から児童生徒主体への転換

・教師は**ファシリテーター**（進行役），**アドバイザー**（助言者）としてポイントをおさえた支援を。

3 心を動かす

深い学びは子供の心に刻み込まれる忘れられない体験となります。感動を与える授業で子供たちの心を震わせましょう。

・新たな気付きや発見
・知的好奇心の充足，知識理解の実感を伴った習得
・新たな追究課題，興味・関心の獲得

これらのためには，**入念な単元計画の立案，教材研究の徹底**が不可欠です。

> **これからのヒント　ダイナミックな授業を創造するために**
> 1．場を動かす！（今日の授業はおもしろそう～！）
> 2．人を動かす！（こうじゃない？こうも考えられるよ！）
> 3．心を動かす！（あー！なるほど，そっかー！！）
> 　～と，言わせるような仕掛けを意識して授業に臨む。

30 教師が一言も話さない授業をしてみる
主体的な学び

「教師の話はなるべく少なく，子供の活動はできるだけ多く」

これが**よい授業（主体的な学び）**の基本です。

では，教師の話はどのくらいまで少なくすることができるのでしょうか？

結論を述べれば，0％も可能です。

本当に可能なのか？私は実際にチャレンジしてみました。

教務主任で小学校6年生の理科を受け持っていた時に，一言も教師が話さない授業を行ってみたのです。

石灰水を使って二酸化炭素と反応させ，白濁することを確かめる実験でした。

授業の前に器具は準備しておきました。

黒板には学習課題と実験の手順，教科書の参考頁を板書しておきます。

石灰水の扱いについては事前の授業で留意点を確認済みです。

授業開始から一切言葉を発しません。必要な指示は板書で示します。

子供たちも「そういうことか」と察したらしく，グループ内でも黙って役割を分担しながら実験を進めています。

ついに実験は終了。

まとめの考察，振り返りまで無言のままやり遂げました。

最後に「みんなよくやった。素晴らしい！拍手！」と，初めて声をかけました。

どの子供も実に満足そうに，お互いに拍手を送っていました。

もちろん，これは授業におけるチャレンジと言える試みですので，通常の授業で行うことは想定していません。
　しかし，教師がその気になれば，**教師の話０％も不可能ではない**ということです。
　私たち教師は「教えること」が仕事だと思い込んでいます。あながちそれは間違いではありませんが，「教えすぎていないか」自問し，自戒する謙虚さを忘れないようにしなければなりません。子供にとっては「教えられる」ことより**「学ぶ」ことの方が身になる**のは，言うまでもないことですから。

> **これからのヒント** 教師が一言も話さない授業をしてみる
> 1．教師の話はなるべく少なく，子供の活動はできるだけ多く。
> 2．教師の話０％も不可能ではない。
> 3．子供にとっては「教えられる」ことより「学ぶ」ことの方が身になる。

児童生徒の活動を増やす
授業における学びの充実段階表

　前項で児童生徒主体の学びへの転換を提起しましたが，全ての授業でそれが行われるとまで考えるのは現実的ではありません。しかし，年間の学習の中で自らの学びを実感できる取組を導入していけるよう努力していくことは大切です。そこで私見ではありますが，**「授業における学びの充実段階表」**を作成してみました。児童生徒の活動量に沿って7つのレベルに分けてあります。レベル4が通常の授業レベルと想定しています。

　レベル1，2は早急に改善・介入が必要な段階。

　レベル6，7はかなり高いレベルの授業が展開されている段階です。

　ここで検討したいのはレベル3，ないし4です。実際の現場ではこのレベルからなかなかステップアップを図れていない教師が多いのではないかと思われるからです。

◇レベル3からのステップアップ
- まず一斉授業中心の授業を見直すこと
- ねらいを明確にしてグループ活動を導入すること
- 一人で抱え込まずチーム支援を活用すること
- 教材研究を入念に行うこと
- 授業で使用する教材，資料などを準備すること

◇レベル4からのステップアップ
- 単元計画を十分検討すること
- 1時間単位のRPDCAを意識して振り返りを重視すること
- ICTや思考ツールを積極的に活用すること
- 個への対応について具体的な手立てを検討すること
- 習熟の時間を確保して学力の向上を図ること

　教師として自己のレベルを客観的に判断し，改善への手立てを一つずつ実行，実践して努力していくことのできる人が，本当に教師と呼ばれる道を歩んでいけるのです。

第2章 授業の根幹に関わる本質の技術

「授業における学びの充実段階表」

授業レベル	主な形態・状態	児童生徒の主体的な活動量	児童生徒の学習に臨む様子、教師の支援・指導等	対応策等
1 緊急に改善	離席、騒然 勝手な席替え 学級機能不全状態	10%未満	・授業として成立していない。 ・学習のルールが無視されている。 ・学習意欲の喪失。 ・教師の指示が通らない。 ・注意、叱責しても改善されない。 ・教師一人が話をしている。	授業以前に学級として機能していない状態。緊急に学級改善のための手立てを講じ、実行する。
2 早急に改善	ほとんど一斉授業による座学	20%未満	・教師の説明を聞いて板書を写すだけ。 ・退屈で寝ている児童生徒が見られる。 ・手紙回しや手遊びがある。 ・グループ活動がおしゃべりになってしまう。 ・教師の指示に従わず、険悪なやりとりになってしまう場面もある。	校内ケース会議で改善策について協議し、具体的な手立てを早急に実行する。
3 要改善	一斉授業が多く、グループ活動も目的が不明瞭で効果が上がらない。	30%程度	・ほぼ教師一人による一斉授業。 ・資料、準備物も少なくICT等も有効に活用されていない。 ・グループ活動は常に生活班と同じ。 ・何のためにグループにするのか、明確に児童生徒に伝わっていない。	チームによる支援等を行う。必要に応じて学級にサポート要員を投入する。
4 もうひとふんばり	一斉授業を主にしながらも児童生徒の自主性を伸ばすような話合い活動等を取り入れている。	50%程度	・基本は一斉授業だが、グループ活動等もまめに取り入れている。 ・授業に積極的に取り組める児童生徒と消極的な児童生徒が固定化されている。 ・教科によってはICTの活用、思考ツール、等を使っての話合い活動が行われている。 ・振り返り、適用問題による習熟が不十分。	特に支援が必要な児童生徒、あるいは支援が必要な授業についてサポート体制を整える。
5 充実	基本が確立 ・一斉↓ ・個別↓ ・グループ↓ ・一斉 ・個別	75%程度	・学習課題によって活動の方向性が示され、教師の的確な指示の下、授業が展開されている。 ・学習の基本的な流れやルールが確立しており、グループ活動ではねらいに沿った対話的・協働的な話合いが行われている。	個別に配慮が必要な児童生徒への手立てを検討。習熟度別の課題や評価規準を設定し、実践する。
6 より充実	グループ活動に＋αの工夫があり形態、方法にも応用がある。	90%程度	・明確な学習課題が設定され、あるいは自ら設定した課題の下、いきいきと一人一人が授業に臨み、学びを進めている。 ・教師は学習に必要なアドバイスを行い、児童生徒の自主性を伸ばしている。	知的モチベーションの高い集団の学びについていけない児童生徒が出ないよう支援する。
7 さらに充実	主体的、対話的で深い学びが展開される。グループないし個人の柔軟な形態。 RPDCAサイクル	ほぼ100%	・魅力的な学習課題が提示（作成）され、見通しをもった学習活動が主体的・対話的に展開されている。 ・教師は授業の進行役（ファシリテーター）として必要最小限の指示・助言を行う。 ・学習のルール、方法が児童生徒に浸透しており、学級の全員が学びを深めている。 ・学習のねらいが十分達成され、振り返りを基に次の学習への見通しがもてている。	それぞれの児童生徒の習熟度に合わせたRPDCAサイクルによる学習を構成し、自主的な学びの深化をさらに定着させていく。

これからのヒント　児童生徒の活動を増やす

1．教師自身が自分の授業レベルを客観的に把握する。
2．自分の授業の技術を少しずつステップアップしていく。
3．特にレベル3，レベル4の教師はステップアップを。

教材を読み込む,ということ
(例)「ごんぎつね」

　私は国語が専門なので国語を例に教材について述べます。

　教材研究とは教材そのものを読み込むことが第一で,指導書を読み込むことではありません。指導書の指導事例を参考に指導計画を練ることには意味がありますが,**教材である本文にあたるということ**が何より大切です。

　例えば,小学校中学年で扱う新美南吉の「ごんぎつね」は,60年以上教科書に採用されている作品です。それだけ学ぶ価値,考える価値のある教材だということです。長く扱われているだけに多くの研究実践もされています。それらを参考にするのもよい研修です。しかし,私はまず教材として作品そのものと**指導者である教師がしっかりと向き合うこと**が大切ではないかと考えるのです。教師自らの感性でじっくり読み込むという作業を行うことの大切さを問いたいのです。

　次頁に私が書き込みをした「ごんぎつね」の本文を載せておきます。たった1頁でさえこれだけの疑問点や指導のポイントが見つかるのです。9～10才の子供たちが読むことを考えれば,さらに課題は見つかることでしょう。読み込むことで,この作品を通してどんな力を身につけさせていくのか,どのように読み進めていくのか,子供たちの実態も考えながら,**単元の構想が立ち上がって見えてくる**のではないかと思われます。

　教師として謙虚に指導事例や研究事例を参考に学ぶことはとても大切。しかし,それ以上に自分自身でしっかり教材と向き合って**自分なりの指導観をもつこと**はもっと大事ということです。

第2章 授業の根幹に関わる本質の技術

※本作品は私が子供の頃（昭和40年代）ですらすでに見られなくなっている事物が多く登場する物語です。現代の子供たちにとってはイメージすらつかめない場面もあると考えられます。かつての子供たちが読んだ「ごんぎつね」と現代の子供たちが読む「ごんぎつね」は同じものでありながら受ける印象は違っている可能性が高いと思われるのです。例えば本文中に「なや」という言葉が出てきます。納屋をイメージできる子供は都会ではほとんどいないでしょう。それに気付けば、不確かな言葉をきちんと調べる活動が必要であることが分かってきます。

[教材研究（教師の読みの例）の手書きノート画像]

これからのヒント　教材を読み込む、ということ

1．教師が教材そのものにまずしっかり向き合い、じっくり読み込む。
2．疑問点や指導のポイントを押さえて自分なりの指導観をもつ。
3．指導事例や研究事例は謙虚に学び、参考にする。

33 道徳は自分で資料を作る
（例）「朝のホーム」「風雪のビバーク」

　道徳は「道徳的な判断力，心情，実践意欲と態度」を育てるのであって，価値項目を押しつけるのでもなければ，ましてや資料を教えるものでもありません。即効性が期待できる教科ではないため，**教師は子供の心に種を蒔く**ような願いをもって授業に臨まなければなりません。

　正直なところ，多くの担任教師にとって道徳の時間は面倒な時間か，年間指導計画に則って消化すればよいという時間になっているという現実もなきにしもあらずと言えるかもしれません。道徳の時間が充実しない原因には，担任である**教師が道徳の時間に魅力を感じていないのではないか？**という根源的な問題があるように思われます。

　なぜでしょう？それはすでに答えが出ている学習だからではないでしょうか。「節度ある生活を送る」「人に優しくする」「自然を大切にする」「かけがえのない命を大事にする」等，分かっていることです。答えが出ている問題をなぞる虚しさが授業へのモチベーションを引き下げてしまうのです。

　では，どうすれば道徳を魅力的な時間にできるのでしょうか？その一つの方法が道徳の**資料を自作するという取組**です。読み物資料に不満があるわけではないのですが，ねらいとする授業にふさわしい資料を教師自らが準備できれば，指導者のモチベーションがまず高まります。そして，タイムリーな資料，読みやすいコミックを使った資料，教師自らが起稿した資料で子供たちのモチベーションが高まれば，**思考活動が活性化する**と考えたのです。

〈実際に作成した自作資料の例：中学校〉
・文章から自作した資料　　「朝のホーム」（思いやりの心）→下記参照
　　　　　　　　　　　　　「風雪のビバーク」（生命の尊重）→次頁　資料参照
・コミックを使用した資料　「どんぐりの家」山本おさむ（人権の尊重）
　　　　　　　　　　　　　「ブラック・ジャック」手塚治虫（正義とは何か）
　　　　　　　　　　　　　「利平さんとこのおばあちゃん」法月利栄（好ましい異性観）
・新聞記事を活用した資料　「チマチョゴリ切り裂く暗い刃」（差別や偏見の克服）

などです。

　もちろん，年間指導計画に則り，資料の分析を入念に行い，考え，議論する道徳を推進していくことが前提ですが，時には，このような方法に取り組んでみてもよいのではないかと思うのです。

※「朝のホーム」

これからのヒント　道徳の資料を自分で作る。

1．道徳に対する教師自身のモチベーションを高める。
2．自作の資料で子供たちの授業に臨む意欲を高める。
3．コミックは読みやすい。タイムリーな新聞記事もよい。
　　ねらいとする価値項目にふさわしい資料を自作してもよい。

※資料「風雪のビバーク」

そのことだけを考えてステップを切り続けました。

突然、猛烈な突風が二人を襲いました。一瞬、雪煙のため何も見えなくなりました。松濤は背後で人の叫びを聞いたように思いました。もしや有元が、と思い、ピッケルを持ち直した時、二人を結んでいたザイル（山で使うロープ）に引きずり倒されました。「滑落を止めなければ！」松濤がピッケルで体を止める間もなく二人は尾根から滑り落ちていきました。二人はザイルにつながれたまま谷を滑り、沢の深雪の中で止まりました。

「おい。有元生きてるか！」松濤は雪の中からはい出して有元に呼びかけました。有元は苦しそうに松濤を見上げました。

「さあ、尾根まで登り返そう。」松濤が立ち上がると有元は首を横に振りました。

「腰をやられた。とても歩けない・・・」

松濤は有元を引きずって比較的風の当たらない所に行きました。まず有元を休ませなければ。雪は胸の高さまであります。すぐに雪洞を掘りにかかりました。暖をとって体力を維持しなければ・・・。ようやく雪洞ができました。しかし、有元を暖めるには少しの石油しか残っていませんでした。縦走をあきらめ、槍ヶ岳の登頂だけに目的を変更した時に余分な燃料や食糧は置いてきていたのでした。

「おい、松濤。何をぐずぐずしているんだ。尾根を登り返して肩の小屋まで行くか、この沢を下って麓の湯俣まで行ってくれ。君ならまだ動けるはずだ。救援を頼むこともできるだろう。」

「有元、お前はどうするんだ？」

「俺は待っている。」

雪洞の入口から差し込んでくる淡い光の中で、待っている、と言った有元の顔がよく見えました。時間は十二時でした。まだ何時間かは動くことができそうです。沢を下り湯俣へ救援を頼みに行くのが遭難を決心した顔でした。死ぬことではないか、と松濤は思いました。この風雪の中で有元は生きていられるだろうか。（俺はまだ動ける。そうすれば自分は助かる。だが救援に五日はかかる。救援が来た時、有元は冷たくなっているに違いない。しかし・・・）

唯一生き残れる道ではないか、と松濤は言いました。

「松濤、何してるんだ。早く行かないか！」しぼり出すように有元が言いました。しかし・・・

相変わらず山には風雪が吹き荒れていました。有元はもう何も言いませんでした。ときどき水を欲しがりました。二人は雪洞の中でじっと見つめ合いました。て眠ろうにも寒さと腰の痛みのため眠れそうもないようでした。

松濤は残り少ない石油で雪を溶かすと水筒に半分ほどの水を作って有元に飲ませました。一口飲むと水筒を胸に抱きました。そうしないと凍ってしまうのです。彼らは体が凍るときでした。雪洞の外も中も寒さでは変わりはありませんでした。燃料は使い果たし、衣服は凍りつき、もはや足首より先の感覚はなくなっていました。

「おい、有元。」有元はゆっくりと、そこには戦い疲れて静かに死を迎えようとする人の顔がありました。松濤はわずかに呼吸するのが分かりました。松濤は凍える手で日記を取り出し遺書をしたためました。指が固まりペンがうまく持てません。ようやく五本の指で握るとカタカナで遺書をしたためました。

一月六日フーセツ

全身硬クッテチカラナシ　何トカ湯俣マデト思ウモ
有元ヲ捨ッテテルニシノビズ　死ヲ決ス
オカアサン　アナタノヤサシサニタダカンシャ
先ニオトウサンノ所ニ行キマス
何ノコウヨウ（孝養）モ出来ズ
サイゴマデ　ツミヲ　オユルシクダサイ（中略）
死ヌ　トキマデ　タタカウモイノチ
友ノ辺ニ　スツルモイノチ　トモニユク
我々ガ死ンデ　死ガイハ水ニトケ
ヤガテ海ニ入リ　魚ヲ肥ヤシ　又　人ノ身体ヲ作ル
個人ハカリノ姿　グルグルマワル
松ナミ

一月六日、松濤は目を覚ましました。胸に抱いた水が凍っています。雪洞の外は風雪が続いている時、それは彼らの体が凍るときでした。もっとも雪洞の外も中も寒さではたいして変わりはありませんでした。雪洞の外ではまだ風雪が狂ったように吹き荒れていました。

もう松濤も動くことはできませんでした。有元のかたわらに松濤も身を横たえました。

※参考：『風雪のビバーク』（松濤明）、『風雪の北鎌尾根』（新田次郎）

文：宮本宣孝

風雪のビバーク

北アルプスの槍ヶ岳（三一八〇ｍ）から北に伸びる尾根は鋭く、夏でも一般の登山道は通っていません。人を寄せつけない鎌のような尾根は「北鎌尾根」と呼ばれ、登山家でも一流の人だけがアタックする特別なルートとなっています。

昭和二十三年、暮れも押し詰まった十二月の厳冬期に、この北鎌尾根を槍ヶ岳目指して登ろうとする一つのパーティーがありました。パーティーは東京の社会人山岳会に所属する松濤明と有元克己の二人です。

二人の計画は真冬の北鎌尾根を登って槍ヶ岳に達し、そこから穂高岳を越えて焼岳まで縦走（山から山へと歩くこと）しようというものでした。厳冬期の北アルプスは寒さも厳しく、積雪量も多く、いつ雪崩が起きるか分からず、相当経験を積んだ登山家でもおいそれと近づくことはできません。しかも、その困難なルートをたった二人のパーティーで行うやり方が主流でした。二人は大人数で行うやり方が珍しい頃は、困難な登山は大人数で行うやり方が主流でした。松濤はそういうやり方を好まず、あくまでも自分たちだけの力で荷物を担ぎ上げ、少人数のパーティーで登山を成功させようとしたのです。

十二月二十六日、北鎌尾根のｐ２（麓から数えて二つ目のピーク）で、松濤は一人テントの中にいました。仕事の都合で後から追ってくるはずの有元を待っていたのです。真冬にしては珍しい雨が降っていました。雨は二十七日になってもやまず、豪雨となってテントを叩きました。二十八日となってようやく雨があがり、有元と会うことができました。しかし、雨に濡れたテントはバリバリに凍りつき、とても使えません。二人は重いテントを捨て、ツェルト（簡易テント）と雪洞を掘って進むことに決めました。

十二月三十日、快晴です。二人は北鎌尾根を登り始めました。ところが、翌三十一日から天候が悪化し、アラレとミゾレが二人を責めつけました。ツェルトをかぶり寒さに耐えてのビバーク（緊急時の露営）になりました。

昭和二十四年の朝がきました。何とか前進しようとするのですが、凍った雪の上に新雪が積もり、アイゼン（靴につける鉄製の爪）もワカン（雪に足が埋もれないようにする竹製の道具）も効果がありません。天候はさらに悪化し、大雪となりました。全身が濡れて冷えきり、ようやく雪洞を掘って逃げ込みました。濡れたものを脱いでラジウス（ガソリンのコンロ）で乾かします。ラジウスから上がるオレンジ色の炎を見ていると、ほっとしました。

一月二日、昨日にもまして風雪はつのるばかりです。雪はやまず、油断すると雪洞の入口をふさいでしまいます。濡れた体で雪をかきに外に出ると強風にさらされ、体温がどんどん低下します。さらに致命的なことにラジウスが壊れてしまいました。何とかして暖をとらないと、このままでは凍死してしまいます。鍋に手ぬぐいを入れ、ガソリンを直接かけて火をおこし、寒さをしのぎきれた。狭い雪洞の中で直火だきの炎を見つめながら松濤はこのことを考えずにはいられません。予想外の雨、テントを捨ててきたこと、予定の遅れ、天候の悪化、そしてラジウスの故障・・・。「このまま登るべきか、下るべきか・・・」結論が出ないままビバークの夜を迎えました。雪洞を出ると夜空には星々が出ていました。ラジウスも応急修理で何とか使えるようになりました。完全縦走は無理でも北鎌尾根だけでも登りたい。

「よし、明日は登るぞ」

一月三日、天候は悪化の傾向を見せていましたが、二人は槍ヶ岳目指して雪洞を出た。二九一二ｍの独標（独立標高点）までは行こうと雪の中を進みましたが、道は険しく、滑落すれば生きては帰れないような難所が続きます。雪も激しくなってきました。「だめだ。これ以上は進めない。今日はここで雪洞を掘ろう。」二人は五回目のビバークに入りました。

「明日は何とか独標を越えよう。槍の頂上まではあと一息だ。槍の肩には小屋もある。」

一月四日、二人は独標の登りにかかりました。ところが、天候はますます悪くなるばかりです。横なぐりの風が二人を山肌から引きがそうとします。目の前は一面の雪。二人は必死で下ります。二人は必死で独標を越えましたため視界が閉ざされるのです。こうなっては下るしかありません。二人は必死で独標を下ろせるだけの雪が掘れました。風雪の中で二人は雪洞を掘りにかかりました。限界です。風雪の中で二人は座り込みました。

「有元、大丈夫か？」「いかん、足をやられたらしい。」

寒さで足が凍傷にやられたのです。その夜、風雪は二人を容赦なく責めつけました。小さな雪洞では持ちこたえられず、二人は風と雪にさらされました。全身が濡れても寒さに耐え、朝を待つしかなかったのです。

一月五日、またも風雪です。雪洞を出たとたん、濡れた全身がバリバリに凍りました。手もほとんど動かすことができず、アイゼンのバンドも凍ってアイゼンをつけることができません。ピッケルで足場を作りながら少しずつ進むしかありませんでした。

「槍ヶ岳までは行こう。槍の肩には小屋がある。俺たちが助かる道はそれしかない。」松濤は

コラム　鯉口を切る

　今週は職員が一人インフルエンザでダウンした。
　人手が足りないのはどこも同じで，抜けた穴は誰かが補填しなければならない。
　その代役が回ってくるのは立場上，教務主任の私である。

　代役に入った高学年のクラスは落ち着きがなく，数人のやんちゃな男子がいて，なかなかたいへんなクラスだ。

　教室は雑然としており，ルールが徹底しておらず，児童の心も荒れた感じになっている。
　朝，行くと牛乳パックが回収の籠にバラバラに放り込まれていた。
　牛乳のパックは洗って一日干して，翌日開いて重ね，リサイクルのため回収するのである。

　朝の会が始まる前，私はパックをきれいに開いて丁寧に重ねておいた。

「今朝，先生が何したか，分かる人いるかい？」

「？？」

「牛乳の籠を見てごらん」
「きれいに重ねてあるだろう。見た目にもきちんとしてるし，持って行くときも持って行きやすい。次のことを考えて一人一人が気をつけると，もっと居心地のいい教室になるんだよ」
「港の船は次の出航に備えて必ず舳先を海へと向けている。これを【出船の精神】って言うんだよ」

　そんな話をした。

　午後，図工の時間。
　登校班の見守りをしてくれているサポーターのみなさんに贈る感謝の絵手紙を描いていた。
　児童が安全に登校できるように毎朝，毎日通学に付き添ってくれる地域ボランティアの皆さんに向けて，年度の終わりに感謝の絵手紙を贈るのが通例になっているのだ。

　以前から落ち着きがなく，担任も心配している一人のやんちゃな男子が早々に
「終わった」
と言って私の所に絵手紙を持ってきた。
　雑でどこから見てもやっつけ仕事である。

「時間があるからもう１枚描いて」

　彼は私から新たな用紙をもらっていった。

ところが自分の席に座らず，他の児童のところで何かおしゃべりしているので，注意をしに行くと，絵手紙を自分で描かずに友達に指示して描かせている。

「それはいかん。自分で描きなさい」

彼はしぶしぶ自席に戻り，ぼそっとこう言ったのが聞こえた。

「適当でいいや」

私は，刀の鯉口を切った。

「今，適当でいい，と言ったな！　もう一度言ってみろ！！」

「ふざけるな！　いいか。サポーターさんは，お前らが事故にあわないためにどんなに寒い朝だって毎日毎日見守ってくれてるんだぞ。その人たちに贈る絵手紙を，適当でいいや，だと。謝れ！　今，ここでサポーターさんに謝れ！！」

こんなに叱ったのは久しぶりのことかもしれない。

静まり返った教室を振り返って私は言った。

「どんなに下手な絵だって先生はけっして怒らない。
　気持ちがこもっていれば，きっと喜んでもらえる。
　ただし，いい加減な気持ちで適当に済ませばいいやなんてことは，
　絶対に許さん！　わかったな！」

全員，うなずいた。

そのあと，半泣きの彼を廊下に連れ出して，フォローした。

実は彼には母親がいない。
まだ甘えたいだろうに，小さい頃から甘えられず，さびしさを抱えている子なのである。
彼の兄も以前私が担任していたことがあり，事情はよく知っている。
気持ちがささくれるのも分かるし，他にもイライラすることや悩みがあるのも分かる。

「悪いことは悪い。それは君も分かるよな。
　そこは反省しなくちゃだめだ。でも，助けが必要ならいつでも力になる。
　先生はいつでも心配してるし，君には強くなってもらいたい」

彼はこっくりとうなずいた。

翌日，朝の会に行くと籠の中の牛乳パックがきちんと重ねられていた。

魂の授業を行う
人権教育「人間としての尊厳」

　すでにお気付きかと思いますが，私が述べてきたことは教師としての本質に関わる根幹の部分について説明しています。具体例を挙げるようにはしていますが，基本的には一人一人の教師自身の在り方を問うています。これからの教師には**「自己を確立した教師」**であってほしい，また自分もそうありたいと願っています。

　ここで提起する「魂の授業」も精神論ではなく，教師である以上，1年に数回でいいから**教師として全力を傾けた授業を実践したい**ということなのです。

　チャレンジしても失敗してしまうかもしれません。思ったようにはできずに時間切れになってしまうかもしれません。それでも教師が精一杯教材研究を行い，準備を重ね，指導案を練り，臨んだ授業は，教師が魂を込めた授業として**子供たちの心に刻まれる**と信じます。

　私は国語の教師ですので，中学校3年生を担当している時には高村光太郎の**「レモン哀歌」**には心血を注いで授業を行いました。『智恵子抄』の中でも絶唱と言われる「レモン哀歌」は思春期の生徒たちの心に響く普遍的な価値をもっていると思うからです。

　また，道徳では吉野弘の**「夕焼け」**を最後の授業で読んで終末としました。「やさしい心の持ち主」だけが感じるつらい気持ちを共有することで1年間の道徳を振り返ってもらいたいという思いがあったからです。小学校6年生（中学校1年生）では最後の道徳で新美南吉の**「うた時計」**を扱いました。

　「人間は本当によい人間に生まれ変わることができるのか」を真剣に考えることで道徳の振り返りとしたかったのです。

第2章　授業の根幹に関わる本質の技術

　教師の一所懸命さが伝われば，子供たちもそれに応えてくれます。**魂と魂が響き合う**。それが魂の授業です。

　そして，**人権教育**を扱うときは教師も生徒も全身全霊で**「人間としての尊厳」**に向き合う魂の授業を行わなければなりません。

※理不尽な差別と闘ってきた人々の物語（カムイ伝），人種差別と闘いながら歌い続けた黒人ジャズシンガー（ビリー・ホリデイ）の名曲「奇妙な果実」（下記参照），障害者への偏見を覆す人間の強さ（中村久子）等，子供たちも真剣に人間の生き方に向かい合う授業になりました。

STRANGE FRUIT　「奇妙な果実」

（原詞：ルイス・アレン）

南部の木々に奇妙な果実が
むごたらしくぶら下がっている
その葉は血に染まり、根元にまで
血潮はしたたり落ちている
黒い遺体は南部の微風に揺れ、
まるでポプラの木から垂れ下って
奇妙な果実のようだ

美しい南部の田園風景の中に
思いもかけずに見られる
腫れ上がった眼や、苦痛に歪んだ口
そして甘く新鮮に漂う木蓮の香りも
突然肉が焦げる臭いとなる
群がるカラスにその実をついばまれた
果実に雨は降り注ぐ

風になぶられ、太陽に腐り
ついに朽ち落ちる果実
奇妙なむごい果実がここにある

CD『THE GREATEST INTERPRETATIONS OF BILLE HOLIDAY
〜complete edition』（キングレコード，1989年）の解説から引用

これからのヒント　魂の授業を行う

1．教師として全力を傾けた授業を年に数回（1回）でも行う。
2．魂と魂が響き合う。それが魂の授業。教師の一所懸命さが大切。
3．人間としての尊厳を扱う授業は全身全霊で行う。

奇妙な果実（ビリー・ホリデイの生涯）

　ジャズを聴く者でビリー・ホリデイの名を知らない者はないだろう。彼女こそは女性ジャズシンガーの最高峰，最初にして最後の天才ボーカリストなのである。ビリーより歌のうまい歌手はいくらでもいる。しかし，ビリーの歌声ほど私たちの心に訴えかけてくるものはないのだ。

　1915年，ビリーはアメリカ，メリーランド州ボルチモアに黒人の私生児として生まれた。父クラレンス・ホリデイは15歳，母サディ・フェイガンはこの時13歳であった。ビリーは母方に預けられていたのだが，生活は苦しく小さい時から家政婦のような仕事をして手間賃を稼いでいた。けっして恵まれた環境ではなかった。当時アメリカでの黒人の地位は低く，選挙権もなく，つらい差別と偏見の中に暮らしていたのである。

　わずか10歳の時，乱暴されたビリーは不良少女として感化院に送られる。12歳でニューヨークに行き，母親との生活を始めるが，貧しい生活から抜け出すことはできなかった。そんな時，ビリーの心を慰めてくれるのはレコードから流れてくるジャズの音楽だった。「不幸しかやってこないと思えば，これ以上悲しくなることはない」ビリー14歳の時の言葉である。

　1929年，母が倒れ，その日の糧にも困ったビリーに転機が訪れる。偶然飛び込んだクラブで歌の才能が認められたのだ。歌手ビリー・ホリデイの誕生である。カウント・ベイシー楽団で腕を磨いたビリーは白人だけで編成されたアーティ・ショウ楽団の専属歌手として迎えられた。ところが巡業先で彼女を待っていたのは黒人に対するつらい差別であった。特に差別の強い南部では舞台に立つことができなかった。自分の持ち歌を別の白人歌手に歌われるのを舞台の袖で見ているしかないビリー。また，楽団員と食事をともにすることもできず，ホテルもひとりぼっち。才能はあっても差別の壁は厚かった。

　1937年，父クラレンス・ホリデイ死亡。人種差別の激しいダラスの町で肺炎にかかった彼は行く先々の病院で診療を拒まれ，たらい回しにされた挙句，息を引き取ったのだった。

　ビリーの前に立ちはだかる人種差別の壁。そんな時，手にした一編の詩にビリーはメロディをつけて歌った。「奇妙な果実」リンチにあって木にぶら下げられた黒人の死体が風に揺れ，腐っていく様を歌ったこの歌は，放送禁止になりながらも人々の心を強く打ったのだった。

　1947年，麻薬所持の罪で逮捕。「私の得たものは白いドレスと白いヘロインだけだった」ビリーは好んで白いくちなしの花を髪にさして舞台に立っていたが，それは白い肌へのあこがれだったのだろうか？最後のレコーディングの後，入院。しかし・・・

　1959年，ニューヨークの病院で誰にも看取られずにビリーは息を引き取った。

※「奇妙な果実」道徳自作資料（中学3年生での実践）

第2章 授業の根幹に関わる本質の技術

学習指導案作成のイメージ図

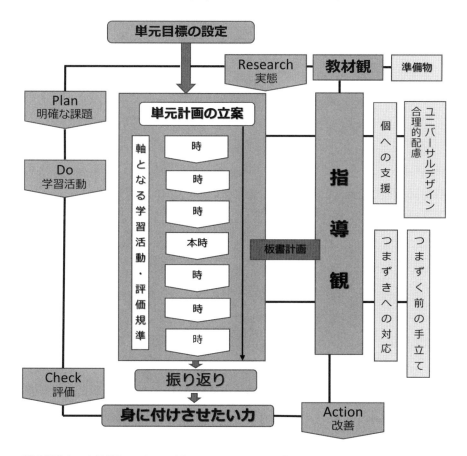

学習指導案の全体構想のイメージを図にしてみました。「35 指導案は1枚目が勝負」参照

指導案は1枚目が勝負
指導観をもって単元計画を練る

　指導案は授業の設計図。家を建てるのに設計図なしでは作れないのと同じです。ところが指導案の作成を負担に感じる教師はやはり多いように思われます。私も20代の頃は指導案の作成が面倒で仕方ありませんでした。なぜこんなことに時間をかけるのだろうと思ったものです。その頃，負担に感じていた要因には「決められた書式に揃えるのが面倒」「本時の展開がぼけていて見えてこない」「指導観や教材観がはっきりしない」「管理職に修正されるのがストレス」「子供のためなら苦労しても見に来る教師のために苦労する意味を見出せない」などがありました。

　私が指導案作成について考えを改めるきっかけとなったのは，3ケ月の長期研修（2003年／平成15年）で学ぶことができてからです。研究テーマにそって指導案を作成しました。単元計画を立て本時の展開を考える訳ですが，長期研修では全ての授業の展開を考えました。

　多くの教師は指導案作成を本時の展開から始めます。他の教師に見ていただく授業の展開が大事なのは分かりますが，実は**本当に大切なのは単元計画**なのです。つまり，指導案の頁でいうと1枚目。

　【目標→実態→指導観・教材観→単元計画・評価】ここが大事なことに気が付いたのです。

- どんな力をつけたいのか？（目標，課題の設定）
- そのためにどんな指導（手立て）を講じるのか？（指導観）
- 教材のどんな点を活用するのか？（教材観）
- 単元をどのように工夫して学びを進めていくのか？（単元計画）
- 評価はどのような観点を設定するのか？またその見取りはどうするか？（評価規準）

単元計画が練られていれば，1時間1時間の授業の展開は自ずと見えてきます。たとえ授業の公開が前時や次時になっても慌てず授業を進行することができます。要するに**指導案は「本時の展開」前の1枚目が重要**なのです。

　そして，それは通常の授業よりは子供たちにとっても密度の高い授業になっていることでしょう。

　文章表現が苦手で指導案の作成に苦戦する教師もいます。それでも私は他人の作った指導案を丸写しにして何を意図しているのかが分からない指導案より，表現はこなれていなくとも教師の思いが盛り込まれた指導案に軍配をあげたいと思っています。

※**文章表現のヒント「使役表現の修正」**

　指導案では使役の表現は回避したいものです。分かりやすく短い文で示します。
「ヒントカードを示して，理解させる。」
文の前半と後半を入れ替えてみましょう。
「理解を深めるために，ヒントカードを示す。」
　使役の表現がなくなりました。要するに「文末を教師の行動にする」のがコツです。
「〜せる。〜させる。」を修正する時には思い出してみてください。

これからのヒント　指導案の作成

1. 指導案は1枚目が勝負。【目標→実態→指導観・教材観→単元計画・評価】
2. 単元計画を十分に検討すれば本時の展開は見えてくる。
3. 他人の指導案を写すより自分の指導観をしっかりもつ。

失敗を恐れず挑戦する
ピンチなくしてチャンスなし

　若手の頃は教師として様々なことを経験し，学び，身につけていく時期です。若手教員研修も各自治体で計画的に行われています。現在，私は初任者の指導教員という立場で研修に携わっていますが，私が教師になった頃と比べると，かなり手厚い研修体制になりました。初任者のメンタルケアもされています。若手の離職率が高まっているのが問題となっているようです。教師としての**レジリエンス（回復力）**がかつてより低下しているのでしょうか。

　教育の現場はどこもたいへんです。仕事というものは総じてたいへんなものですが，教師の仕事は激務と言えるでしょう。子供たちと日々接しているわけですから，責任も重く，社会や保護者からの要望も厳しいものがあります。さらに，指導が難しい子供への対応，次々とやってくる学校行事，研修会，調査，報告等，授業以外にも処理しなければならない業務に追われて息をつく暇もありません。

　子供たちと共に学び，時には失敗もしながら教師自身も成長してゆくというゆとりがないように思えます。私は20代で小学校担任，中学校担任と経験し，中学校では学級経営で苦戦しましたが，その**失敗があったからこそ**教師として仕事を続けることができたのではないかと思っています。

　取り返しのつかない過失は問題外ですが，若手のうちは少しの失敗くらい恐れず**正面から子供たちと向き合い，いろいろなことに挑戦してほしい**ものです。時には笑い，時には共に涙を流し，充実した日々を送ってほしいと思うのです。

〈私の若手時代〉

　中学1年生を担任した年。学級で理科研究にチャレンジしました。全員で取り組めるプロジェクトで学級をまとめたいと思ったのです。国語の教師が理科の研究をなぜやるのか？という声もありましたが理科部の協力を得ることができました。取り組んだのは「江戸崎町を流れる小野川のプランクトン」という水質の環境変化を調べる研究でした。この研究は県展で認められ入賞しました。

　翌年、私は中3の担任となったのですが、この研究は中2になったメンバーによって継続されました。その時のメンバーが自発的に再結集して研究を深めることができたのはうれしいことでした。この2年次の研究は県知事賞に入賞しました。

　そして、研究は3年目も継続され、毎日新聞顕微鏡コンクールで全国2等になりました。3年間、この生徒たちと理科研究に取り組んだことは私にとって教師としての幅を広げる貴重な実践になりました。

←生徒による点描スケッチ（第2報）

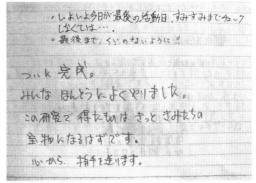

野帳　最終ページ↑　（第3報）

これからのヒント　教師としての若手時代

1. 失敗を恐れずいろいろなことに挑戦する。
2. ピンチ（失敗）なくしてチャンス（成功）なし。
3. 子供たちと正面から向き合う。

教育論文を執筆する
自己を高める

　教師として10年の声を聞くようになれば，仕事にも慣れ，自分のスタイルもできて学校の機動力として動ける時期です。

　教師としてどのような生き方を選んでいくのかを考え始める時期でもあります。管理職を目指して努力するのもよし。教育学の研究に進むのもよし。特別支援教育に力を注ぐのもよし。生涯一教師として子供たちと向き合っていくのもよしです。

　ひとつ共通することは，**教師という仕事を続けていく以上，学ぶことをやめてしまった者に人を教える資格（資質）はない**ということです。

　厳しいようですが，これは教師として常に意識していなければならないことです。慣れてくれば手を抜くことを覚えてしまうのが人間の本質です。だからこそ今年は新しいことにチャレンジしてみよう，別の方法を試してみよう，今までのやり方に工夫を加えてみよう，という気持ちが大切なのです。

　その取組の一つが教育論文の執筆です。たいへんでも一度はチャレンジしてみましょう。

　なぜか？それは**自分を高めるため**だからです。今までの自分の実践，あるいはこれから取り組もうと考えていることを仮説検証してもよいと思います。

　まずは夏季休業などの比較的時間の融通がつく時を利用して大まかな構成を考え，項立てして書ける部分から書き出しましょう。

　教育論文を書くという作業は，指導案を作成する作業を拡大したようなものです。論理の展開を考えることで，自分の実践が整理されてきます。

最終的には子供たちの教育に資するためですが，論文執筆は直接的には誰のためでもなく自分のためです。

〈私の論文執筆〉
　最初に書いた教育論文は「学級経営」でした。35歳の時です。集中して書き上げて，教育論文のエキスパートである先輩教師に見てもらうと「こりゃ論文じゃない。小説だよ。全部書き直し！」とご指導をいただき，全て一から書き直しました。
　それから約10年の間に12本の教育論文を書きました。学校として共同で執筆したものもありますが，教育論文を書くことで論理的な思考力は鍛えることができたと思っています。
・個人として執筆した教育論文等
　「創る活動を通して築く学級集団」（1999年）
　「伝え合う力を育てる国語科指導」（2000年）
　「言語感覚を磨く詩歌の指導」（2002年）
　「発想をもって書くことの能力を育成する国語科学習指導の在り方」（2003年）長期研修報告
　「学習者の表現力を引き出し，書くことの能力を高める国語科学習指導の在り方」（2004年）
　「自ら学び，自ら考える力を育てる学習指導の在り方」（2005年）
　「自ら学び，自ら考え，まとめる力を育てる国語科学習の在り方」（2007年）
　「児童の心に寄り添う生徒指導の在り方」（2009年）

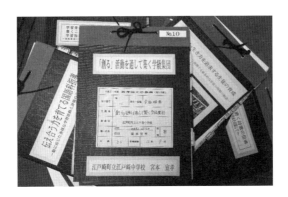

これからのヒント　教師として学び続けることの大切さ
1．学び続けることが教師としての絶対条件。
2．慣れてきたからこそ新たにチャレンジ。
3．教育論文執筆は自分を高めるため。

実践を深めて形に残す
研究実践，研究発表等

　ミドルリーダーは自らの**教育実践をより深めていく**時期です。

　私は中学校で学年主任を経験し，計18年間の中学校勤務から小学校に異動し，担任，生徒指導主事，教務主任を務めました。中学校での生徒指導で**力の指導**に限界があることを知った私はカウンセリングの参考書を読んで学級経営や授業に生かしました。そのおかげか40代で小学校の担任をした時には子供たちを怒鳴りつけて怒ったことはありません。自ら学んだことはやはり**無駄にはならない**のです。

　ミドルリーダーは省令主任として学校の中核となって仕事をすることも多くなってきます。その時までに教師としての技を身につけ，力量を高めておきたいものです。そして，その立場になって新たに学べることもたくさんあります。また，研究主任として校内研修の中心となって研究を推進していく場合もあるでしょう。それらの実践を教育論文にまとめたり，研修会で発表したり，何らかの形に残して自らの**キャリアアップのステップ**にしていきましょう。

　よく研究発表会があると学校が荒れる，という話を聞きます。中にはそういう痛ましい事例もあるかもしれませんが，全職員が一丸となって研修に取り組み，子供たちがわくわくするような魅力的な授業を行えば，それが原因で学校が荒れるということはあり得ません。本質は常に**子供たちにとって何がベストか？**ということなのです。

　私は教科指導委員としていくつかの学校で，計画訪問での教科指導にも参加させていただきました。これはとても勉強になりました。

〈私のミドルリーダー時代〉

　茨城県教育研修センターで3ケ月の長期研修を終えて，勤務校で総合的な学習の時間の研究発表を研究主任という立場で経験しました。その後，学年主任を4年間務めました。

　学年主任時代はカウンセリングの理論を学び，学年経営に生かしました。

　そして18年間の中学校勤務の後，小学校に異動しました。44歳の時でした。

　48歳の時，その小学校で教務主任になりました。

1 俳句を味わう

俳句への疑問点を対話により解決し、主題に迫る。

1 本案のねらいと概要

　学習材となっている一つ一つの俳句に対し、自分が持った疑問点を明らかにし、グループ内での対話、グループとグループでの討議（質疑応答）を通して疑問を解決しながら作品の主題に迫るのが本案の大きなねらいである。

　通常、課題解決学習においては自らの課題（疑問点）について自らが調べたり、グループで話し合いながら解決に迫るのであるが、本案では自分の疑問点を提出し、グループ内で話し合うのは別のグループである。まず自らの疑問点を整理する。質問を受け付けたグループではその疑問点についてグループ内対話により協議し、納得のいく回答を考える。次にグループ間対話（討議）により、疑問点を解決し、主題に迫る。つまり、対話を基にしながら双方向の話し合いを行うのである。

　これらの対話・討議を通して伝え合う力を高め、自他の考え・とらえ方・発想の違いに気づくことで言語感覚を磨いていきたいと考える。

東京書籍「新しい国語」中学校版指導事例集へ実践を提供（2006年／平成18年）

これからのヒント 教師としての生き方を決めていくのが
　　　　　　　　　　ミドルリーダー時代

1．自分の実践（キャリア）を深める。
2．本質は子供たちにとって何がベストなのかを考える。
3．それぞれの立場で学ぶことも多い。

39 特別支援教育を生かす
共に生きること

　忘れられない新入生紹介があります。私が異動した小学校に重い発達障害のある児童が入学してきました。その児童を特別支援学級担任の先生が全校児童に紹介した時のことです。先生はこう言って彼を紹介しました。

　「○○くんは，とってもすごい才能をもっています。それは誰がやさしい心をもっているか，すぐに分かってしまうんです。みなさん，どうぞよろしくお願いします。」

　それから6年間。私は次の小学校に異動するまで彼と同じ小学校で勤務しましたが，一度たりとも彼がいじめられたり，疎外されたりする場面を見ることはありませんでした。

　学校教育の中で最優先されなければならないのは特別支援学級の子供たちです。それは**教育的ニーズ**があるからです。**合理的配慮**の基本です。しかし，ともすると特別支援学級の子供が後回しになってしまう場面も見られます。通常学級の教師にも悪気はないのですが，あまりの忙しさについ忘れてしまうこともあるのです。特別支援学級を受け持っていた私の母親は「よく忘れられた」と言っていました。その言葉が耳の奥に張り付いていた私は，配付プリントなど必ず特別支援学級から配るように心がけていました。ユニバーサルデザインや合理的配慮も大切ですが，**まず，特別支援学級の子供たちを思い浮かべること**が基本です。

　私が担任をしていた学級には特別支援学級の子供が交流に来ることが多かったのですが，子供たちは特別支援学級の子供を疎外するようなことはありませんでした。普通の友達として遊んだりけんかしたり，特別扱いせずに接していました。特別支援学級の子供はみんなと同じにでき

ないこともあります。そういう時は必ず誰かが自然にサポートしているのです。それは「やさしさ」というより**「あたりまえ」**のこととして行われている感覚でした。

　現在，**インクルーシブ教育システムの重要性**が求められていますが，教師が子供たちの**自然な接し方から学ぶこと**も大切です。そして，特別支援学級の子供も通常学級の子供も共に学べるように，教師は**温かい愛情**をもって教育に臨まなければなりません。これが大原則です。

> **これからのヒント　特別支援教育を生かす**
> 1．学校では特別支援学級の子供たちが最優先。
> 2．インクルーシブ教育システムは子供たちの自然な接し方に学ぶところあり。
> 3．子供たちには愛情をもって教育に臨むのが大原則。

読書感想文の書き方
感想は書かない。「思う」を使わない。

　夏休みの宿題の定番，読書感想文。子供たちにとっても教師にとってもストレスの高い取組のようです。ここでは夏休み直前に短時間で指導でき，効果の高い「書き方の指導法」について提案します。（保護者には学級通信で伝達→右頁）

1　読書感想文には，本の感想を書かない

　では何を書くのか？それは自分の心の変化，成長です。「読書」という体験を通して自分の心が読む前と読んだ後ではどのように変わったのか，それを自分の経験を交えて具体的に書きます。あらすじを書く必要もありません。

2　「思う」という動詞を使わない

　感想ではないので「思う」は使いません。「〜だ」「〜です」と断定していいのです。「思う」を多用すると文末の似たものが連続してしまい，文章表現が平板になります。文末の表現を考えて変化を持たせると力強い文章になります。これは日本語の文末決定性という性質を逆手にとった技術です。

3　書き出しに「私は〜」「僕は〜」を使わない

　作文は書き出しが勝負。画一的な表現を回避するためには一人称で書き出さないこと。「私はこの本を読んで〜」という書き出しがなくなります。

　文章が書けない子供は「どう書いていいか分からない」＝「方法を知らない」という以前に「書くことが思い浮かばない」＝「書く内容がない」ことが考えられます。それは，その子供にとって魅力のある本ではなかったからなのです。本当に自分の興味や関心に合った本に出会えて**「書きたいことがいっぱいある」**ことが，まず大切です。

第2章 授業の根幹に関わる本質の技術

学級通信「ワクワク」より（2010年）

これからのヒント　読書感想文の指導法

1. 読書感想文には，本の感想を書かない。
2. 「思う」という動詞を使わない。
3. 書き出しに「私は〜」「僕は〜」を使わない。

※優秀作品の書き方を分析してみるのもお勧めです。

コラム　まさかの坂

「先生，左足どうしたの？」
　生徒からそう聞かれたのが自分の身体の異変に気付いた最初でした。腰痛は以前から自覚症状としてありましたが，疲労のせいだと思っていました。私は左足を引きずって歩いていたのです。
　整体にも通いました。整形外科にも診てもらいました。運動教室に行ってストレッチも続けました。しかし，症状は悪くなるばかりでした。そこで運動教室でお世話になった療法士の先生の勧めで神経内科に行くことにしました。診察室に入る私の歩き方を見て，神経内科の医師はすぐ病名を私に告げました。
「ああ，パーキンソン病だね」

　パーキンソン病。根本的治療法がない神経性の難病。

　目の前が真っ暗になりました。人生に「まさかの坂」があることを初めて知りました。
　発症したのは40歳以前でしたので，私の場合，若年性と診断されました。その後，転院し，精密検査を受けましたが，やはり診断は覆りませんでした。長期研修を終え，次は教務主任を経験して管理職登用に備えようと思っていた矢先（2006年／平成18年）のことでした。

　職場では病気のことは誰にも言いませんでした。言えば楽になったかもしれませんが，どんな状況になるのか予想がつかなかったからです。この病気は進行性です。次第に身体の自由がきかなくなってゆきます。私の場合，手足の震えは出現しなかったのですが，筋肉の固縮，無動，反射障害がありました。薬が効いている時は通常に近い生活ができるのですが，一日の薬が切れると数m歩くのさえままなりませんでした。
　その頃，教務主任になり仕事もハードになりました。夜遅く職場に残ってひとりで施錠して帰宅することも多くなりました。あえてそうしていたのは，壁を伝いながらよろけたり転んだりして歩く姿を同僚に見られたくなかったのです。
　子供たちは日頃の不自由そうな私を見て，「先生，荷物持ってあげるよ」などとやさしく接してくれました。それが唯一の救いでした。
　2016年（平成28年）に私は障害者手帳5級を取得しました。

　この病気に罹患して私は多くのものを失いました。
　あきらめねばならないこともたくさんありました。

　しかし，難病を抱えた障害者になって得たものがひとつだけあります。
　それは人の痛みを自分の痛みとして感じることができるようになったことです。

　私は
　答えなければなりません。
　なぜなら私は問われているのです。
　「そんな人生にも意味はあるのか」と。

　私は答えます。
　それでも人生は「イエス」であると。

第3章

ミドルリーダー「学年主任」として

　ここでは主に中学校における学年主任の役割，実践例等を取り上げます。
　学級担任としての技をさらに広げた組織的な取組になります。

　花を見て
　美しいと人は言ふ、
　花はひたすら
　生きて咲くのみ

学年通信を毎日発行する
学年通信「羅針盤」

　中学校における学年主任は，学年の担任教師をまとめつつ学年の生徒全体を掌握しなければなりません。学年経営は学級経営より**大きい視点（ビジョン）**が必要になります。入学から3年間かけて生徒を立派に成長させること。そのために学年スタッフに**進むべき道筋をしっかり指し示すこと**が重要です。

　そこで，私は学年主任になった2004年から各クラスに配付する日々の連絡事項を学年通信として活用し，毎日，生徒全員に配付することにしました。メリットは，連絡係が帰りの会で連絡を板書する手間と生徒が写す手間を省くことで時間の効率化が図れること，生徒への連絡の抜けが防げること，欠席した生徒へも伝達しやすいこと，主任のメッセージを加えることで生徒への思いを伝えられること，さらに1枚に一つ「四字熟語」を載せて国語力の基礎を定着させることなどです。デメリットは作成時間の確保でしたが，フォーマットを用意し，手書きで対応することで短時間の作成ができました。（この時の経験が後の学級通信に生かされました。）

　学年主任の私が出張などで不在の時は，大まかな確定内容は作成しておいて，変更点があれば副主任に修正してもらい，配付しました。修学旅行の時はあらかじめ作成しておき，宿泊先や帰校中のバスの中で配りました。

　この学年通信は，学年スタッフと協議して「羅針盤」と名付けられました。1日1枚。入学から卒業の日まで授業日数分の「羅針盤」を生徒一人一人に配付する。それが学年主任として自らに課した取組でした。

　この取組は3年間，一度の欠番もなく続けました。入学式の日から卒

業式の日までに合計589号の「羅針盤」を発行しました。

生徒の中には3年間分の「羅針盤」すべてをファイルして保存している生徒もいました。また、保護者からは「学校の様子がよく分かる」とおっしゃっていただけました。そして、担任、学年スタッフからは日々の予定の確認と記録の累積、授業日数の確認ができると好評でした。

学年主任として自分たちの船（学年）が迷わないように針路（進路）を指し示すことができました。

（左：フォーマット「羅針盤No.1」、右：学年通信のファイル）

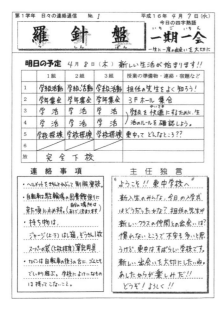

これからのヒント　学年通信を毎日発行する

1. 学年主任が主となって作成。やるからには徹底する。フォーマットがあれば、それほど負担にはならず作成できる。
2. 教師にとっては日々の記録の確認、累積になる。
3. 生徒、保護者にとっては連絡の確認、及び学校の様子をまめに知ることができる。

保護者への対応
気配り貯金を増やしておく

　保護者にも様々な人がいます。学校に協力的な人もいれば，批判的な人もいます。中には理不尽な要求をしてくる人もいるかもしれません。しかし，教師も保護者も子供の健全な成長を願っているという点は同じ。保護者対応の基本は**「子供のために一緒に考えていきましょう」**というのが共通スタンスです。

1　信頼関係づくり

　保護者と学校（学年主任・担任等）の信頼関係を築くには，まず保護者の立場になって考えます。「自分の子供をこの先生に任せられるだろうか？」「学校での様子は知らせてくれるのだろうか？」「聞きたいことがあるけれど，何となく聞きづらい」等，不安な要素があって当然です。日頃からコミュニケーションをとって話しやすい関係を作っておけば，トラブルが発生した時も誤解や曲解を招かずに済みます。

2　コミュニケーションの取り方

　一番よいのは直接会って話をすることです。通常は以下の方法を活用して情報などを伝えます。保護者の方から要望や相談があった場合には，学年主任を通して管理職に報告し，指導・指示を受けて速やかに対応します。

①学級通信・学年通信
②電話連絡　　③連絡帳等　　④家庭訪問
⑤登下校における安全指導での関わり
⑥自由参観・授業参観・保護者会
⑦トラブル発生時の家庭訪問については管理職の指示を仰ぎ，複数で対応します。

3　クレームへの対応

　電話でも，来校でも学校（教師）に苦情を言うという事態は重く受け止め，まずは訴えを聞くことに徹します。その時に言い訳や不確かな推測情報，責任を転嫁するような言動は控えます。言葉には細心の注意を払います。そして，いくらかでもクールダウンしてくれるように十分話を聞き，管理職と相談してまた連絡する旨を伝えます。誠意をもって対応すればピンチが信頼へのチャンスに変わることもあります。

4　なぜ厳しい怒りのクレームが来るのか？

　怒って学校に乗り込んで来るようなクレームの場合は，それまでの学校への不信感や不満が積み重なって抑えきれずに感情的になっていることが考えられます。主訴の事例だけでなく別のことまで持ち出されることもあります。日頃から保護者とコミュニケーションを密にとり，学校の様子をまめに伝えていれば，よほどのことがない限り，このようなクレームにはならないものです。

5　気配り貯金を増やしておく

　大事なことは日頃から十分に気配りして**保護者からの信頼を得ておく**ことなのです。教師も人間です。完全な存在ではありません。時にはミスをしてしまうこともあります。その時に**「気配り貯金」**がたくさんあれば，残高がマイナスにならずに済むのです。ミスについては誠意をもって対応しなければならないのは言うまでもありません。

> **これからのヒント　保護者対応の基本**
> 1．「子供のために一緒に考えましょう」これが落としどころ。
> 2．クレームは聞くことに徹する。相手がクールダウンするまで。
> 3．日頃から「気配り貯金」を増やしておく。

進路指導での注意点
第2志望校が勝負のカギ

　中学校における進路指導は人の一生に関わるだけに慎重に進めなければなりません。学年主任としては，中3の担任経験がある教師も，初めて中3を担任する教師も，同じように進路指導が進められるように指導・助言をしていく必要があります。

〈進路指導で注意すべきこと〉

・将来の目的をもつことが何より大事。高校等への進学はそのための目標。

・本人の志望，保護者の考えをよく知ること。三者面談等は必要に応じて納得がいくまで設定する。成績のみで安易に判断しないこと。

・進路情報を伝達し忘れることがないよう学年主任だけでなく，複数でチェックすること。特に提出関係は修正し，再提出できる余裕をもつこと。

・推薦入試を希望する場合，最終的には校長が推薦することになる。推薦に値する人物と認められるよう生活態度等に十分注意を促しておく。

・スポーツ推薦等，まれに保護者が独自に話を進めてしまう場合があるので，中3の年度当初（あるいは中2の年度末）に進路説明会で受験のシステムについて十分説明しておく。

・受験のシステムは年ごとに変わるので今まで通りと思い込まず，不安な点，不確かな点はためらわず問い合わせて確認しておく。

・高校等が行うオープンスクールや学校説明会には必ず参加して実際に志望する学校の様子をよく見て説明を聞いてくるように指導する。受験はすでにそこから始まっていると意識させる。

〈受験に臨む心構え〉
・挨拶や掃除など，日頃の生活がだらけると受験もうまくいかないことがある。**毎日の生活こそ気を抜かないように**声をかけていく。合否を判定する高校の立場で考えれば，まじめな生徒がいいことは明白。
・スポーツと同じで練習でできなかったことは本番でもできるはずがない。何度でも**繰り返し努力する大切さ**を浸透させる。
・誰のものでもない自分の人生である。友人に左右されず，自分で決断すること。自分の将来を保護者とよく相談して**悔いのない受験**になるよう自分の進むべき道に向かって努力するよう励ましていく。

〈**勝負のポイント**〉

　押さえにしている第2志望の学校（例えば併願で合格している私立高校）が自分にとって進学しても十分希望にそえると判断できる（保護者も了解してくれている）なら，第1志望の学校（例えば県立高校）の合格率が50：50だとしても，勝負（受験する）する価値あり。受験のポイントは**第2志望の学校にどれだけ魅力を感じているか**，ということが重要な判断材料になる。

> これからのヒント　**進路指導について**
> 1．最終的には本人が決断し，保護者が了承すること。
> 2．第1志望校で勝負するかは，本人にとっての第2志望校がカギ。
> 3．毎日の生活態度が重要。まじめが何と言っても一番。

学年経営のゴールは卒業の姿
生徒の巣立ちをイメージする

　私は中学校で学年主任になるまで1年生から3年間持ち上がった経験がありませんでした。中学校勤務15年目に学年主任となり中学1年生を担当した時，不確定ながらも3年後を思い描いていました。

　この生徒たちを3年間かけて成長させ，無事卒業の日を迎える。自信を胸にこの中学校を巣立っていけるようにする。それが学年経営の根幹にありました。

1　学年のカラーを作る

　学校教育目標に沿った学年経営を進めることはもちろんですが，学年独自のカラー（個性）を出したいと私は考えていました。そこで4月当初に学年スタッフと話し合い，学年としての方針を固めました。それは**「人の気持ちが分かるあったかい学年を作っていこう」**というものでした。中学校では生徒指導が要になります。トラブルを未然に防ぎ，速やかに解決し，再発を防止する，そのためには生徒の心を耕しておくことが大切だと考えたのです。

　また，特別支援が必要な生徒，通常学級においても配慮が必要な生徒が，学年の一員として分け隔てなく生活が送れるように，**リレーション（温かい人間関係）**を形成したいと思いました。

2　具体的施策

　「カウンセリング理論の導入」と**「力（ちから）の指導からの脱却」**，この二つが基本です。**サイコエジュケーション（心の教育）**を参考に，生徒に向き合い，話を聞き，心に届くような生徒指導を心がけました。そのためには，教師が居丈高に力で指導するようなことはしませんでした。

　学年主任である私が学年集会や学年通信で生徒に伝える方針に担任も

しっかりついてきてくれました。生徒たちも3年間で優しい心を育ててくれたと思います。

「人間，最後は気持ちだよ」

難しいことは言いませんでしたが，学年の方向から生徒たちも大きく外れることはありませんでした。

3 卒業式をイメージする

自分の一番元気のいい声で「ハイ！」と応えられる生徒。

学年合唱を，心を込めて歌うことができる生徒。

これが3年間の学びが凝縮された姿であると，学年主任の私はイメージしていました。

> **これからのヒント** 学年経営について
> 1．学年のカラーを作る。「あったかい学年」（スタッフで検討する）
> 2．カウンセリング理論を活用。力の指導からの脱却。
> 3．卒業式での生徒の姿をイメージする。（3年後を見通すこと）
> 4．小中一貫教育が推進されていくにつれ，義務教育9年間の成長の姿が卒業式に表れる，と思われます。

卒業合唱に思いを込める
学年合唱「未来への航海」プロジェクト

　一生の思い出に残る卒業式にする。それが学年スタッフの思いでした。そのために二つのポイントを設定しました。

　まず一つは、式典としてしっかりした態度で臨めるようにすること。卒業式は義務教育の成果が表れる場です。3年間の思いを込めて呼ばれる自分の名前に、心を込めて「ハイ！」と返事をする。その一瞬の姿に全てが表れます。立腰も3年間継続してきました。成長した姿を保護者の皆さんにもご覧いただきたいものです。

　そしてもう一つは、卒業式で歌われる学年合唱です。3年間の日々を振り返りながら、精一杯歌う姿が式場に感動をもたらすのです。この合唱をオリジナルで作れないか？生徒たちの思いを歌にできないものか？と考えました。

〈プロジェクトの立ち上げ〉

　学年合唱については、以前、学級で合唱作りに取り組んだ経験が私にあったので、オリジナル曲を作ることは可能だと思われました。ピアノが上手な伴奏の生徒もいます。学年スタッフの同意も得ています。文化祭での合唱にも真剣に取り組んできた生徒たちです。歌詞を作ることができる力もあると思われました。ここで大切なのは、全体の意思を確認することです。そこで、学年生徒全員にアンケートを取って、学年合唱を既成の曲にするか、オリジナルにするか問いかけたところ、オリジナルの制作に賛同する回答が多くを占めました。全体の総意として立ち上げられるよう、異なる回答をした少数生徒の意見も考慮し、オリジナル曲を制作することになりました。

　（少数意見：詞はできても曲は無理だと思う等）

〈制作の過程〉

　受験に影響がないように1年前から準備を始めました。

　作曲は私が担当し，曲の構成を考えました。

　作詞は卒業プロジェクト委員の中に「卒業式での学年合唱委員」を作り，そのメンバーが作ることになりました。学年全員の思いを反映したいという思いから，歌詞の中に使ってほしい言葉をアンケートで募集し，それを生かしてメロディに歌詞をあてはめていきました。ですから，歌詞のどこかに一部でも**全員の思い**が組み込まれています。

　メロディに歌詞が乗ったところで，コーラスアレンジを考え，ピアノ伴奏をつけました。ピアノ担当の生徒は伴奏を見事に弾きこなしました。

　2学期の文化祭が終わってから，少しずつパート練習を重ねました。

　改めて生徒が作った歌詞を読むと，生徒たちも様々な悩みを抱えながら成長してきたことが分かります。

　そして，卒業式。

　世界にひとつだけ，**自分たちだけの合唱曲**が完成しました。

　卒業生全員で歌われた学年合唱「未来への航海～心の羅針盤」は3年間の思いが凝縮した合唱になり，学年全員の心を一つにしました。

（歌詞と楽譜を124～125頁に掲載）

これからのヒント　卒業式での学年合唱をオリジナルで作る

1．学年の生徒全員の思いを歌詞に盛り込む。（実行委員の活用）
2．世界にひとつ。自分たちの合唱にする。（音楽の得意な生徒がいれば可能）
3．卒業生全員の心を一つにする。（早めにプロジェクトを立ち上げる）
※合唱以外でもよい。共同で卒業制作に取り組むのも思い出に残る。

コラム 羅針盤590号

　2006年(平成18年)度卒業生114名は私が学年主任としてはじめて3年間携わった生徒たちだ。

2012年(平成24年)1月8日，晴れて成人の祝典を迎えることができた。
私は恩師として出席させていただいた。

みんな大きくなったなあ！立派になったよ。
　式典もけっこう静かだったし，携帯いじる人もほとんどいないし，なかなか行儀がよかったぞ。
　みんな無事でよかった。
大学生の子もいれば，親になった子もいる。仕事をがんばっている子もいる。
なんにせよ，元気な顔を見られただけで先生は満足だ。

「先生～！」声をかけてもらうと本当にうれしい。
女の子は，ぱっと見た目には誰だかわからないけど，話してみると中学生の時のまんま。
大丈夫，ちゃんと覚えてるよ。
よく「先生，生徒のこと忘れちゃうでしょ？」って言われるけど，
自分が関わった生徒たちのことは絶対忘れない。
というか，その時のイメージのまんま記憶の中に大切にしまってある。
今回，先生は君たちに最後の贈り物を渡すために来たんだよ。

学年通信「羅針盤」第590号。
君たちが入学してから1日も欠かさず発行していた学年通信だ。
翌日の授業連絡，今日の四字熟語，主任独言から構成されたB5判手書きの通信。
卒業のその日まで通算589号発行した。

教育はキャッチボール。
毎日先生は君たちにボールを投げ続けた。
よく受け止めてくれたね。
そして君たちは必ず応えてくれた。

最終号は成人式で配ろうと，
第1号を出した時から決めていたんだ。

それを今日，先生はやっと果たすことができた。

これからの予定は君たち自身が決めていくんだよ。

成人おめでとう。

大きくはばたいてくれ。

じゃあな！

第3学年　日々の連絡通信　No. 590　平成24年 1月 8日（日）

今日の四字熟語

羅針盤

自主独立（じしゅどくりつ）
＞独力で行うこと。自分の力で自分の意志で、自分の責任において物事を成していくこと。

明日の予定　月　日（　）

	1組	2組	3組	授業の準備物・連絡・宿題など
1	それぞれの	クラス、部活、	あるいは	
2	有志などで、	次に集まる日	を決めておく	祝
3	とよい。同窓会は、たまに		開催したほうが	成人
4	よい。せっ	かくの絆を大	切にしてくだ	おめでとう！
5	さい。			
6				
放				

連絡事項

「羅針盤」の最終号をお届けします。君たちが東中に入学した平成16年4月7日に第1号が出ました。その時の今日の四字熟語は「一期一会」でした。あれから8年の月日が流れました。二十歳になった君たちは、どれほど立派に成長してくれたことかと、感無量です。東中での3年間はかけがえのない大切な大切な思い出として心に残しておいてください。

主任独言

失敗することもあるだろう。
はめをはずすこともあるだろう。
情けない思いをするかもしれない。
せつない時もあると思う。
立ち止まっても、少しくらい後戻りしても君たちはまだまだ若い。
行きづまったらリセットすればいいだけだ。
それが若さの特権だ。
青春を十分に楽しんで、いっぱい学んで大きくなってくれ。
それが先生の唯一の願い。

平成18年度　卒業合唱
「未来への航海　～心の羅針盤～」

まぶしい　光に　春の若葉が　揺れてる
見慣れた　校舎が　やさしく見える

思い出すよ　痛む心　抱えて
あかね色の　夕陽　涙こらえ見つめた

君には　伝えよう　ぼくの言葉を　せつなく
さよなら　言わずに　今　船を漕ぎ出す

卒業したって　忘れはしないよ　ともに過ごした
いつもの教室　すべてが青春　あの日　あの瞬間

＜間奏＞

思い出すよ　友の笑顔　時には
離れていた　心　いつか分かり合えると

新たな出会いが　ぼくを待ってる　荷物は
少しの　不安と　大きな　希望と

別れのつらさが　旅立つぼくらを　強くするだろう
約束しようよ　大人になったら　会おう　君ときっと

船出が　近づく　風を帆に受け　ゆくえを
示して　いるのは　心の羅針盤

未来という名の　海へ　ぼくらは旅立つ

平成29年度	第 12 週	看護当番 2 班	（2年・6年）
生活目標（生徒指導）	保健目標（保健安全指導）		学力向上（学習指導）
○相手の気持ちを考えてやさしい言葉遣いをしよう。 ○ボランティア活動をしよう。	○梅雨時の衛生に気をつけよう。 ○雨の日を安全に過ごそう。 食育月間6/1～6/30		○家庭学習の工夫をしよう。 ○アクティブ・ラーニングを導入しよう。 ・課題解決学習に取り組む。 ・グループで課題に取り組む。 ・自己評価，相互評価で振り返りをひと工夫する。 ・教師がなるべく話さない授業をしてみる。

日	曜	時	1年	2年	3年	4年	5年	6年	すく	校内行事等	下校	校外行事・出張・提出等
19	日											
20	月	1	1	1	1	1	1	1	1	・計画訪問指導案，資料集 原本原稿確認（6／22完成） ・職員会議④15:30～ ・PTA広報委員会18:00～図書室	下校 14:45	・子ども議会担当者会議16:00～ 市役所312号室（教務） →職員会議の最初に担当分の提案をします ・職員会議のため15:20には下校 するよう呼びかけましょう。
		2	1	1	1	1	1	1	1			
		3	1	1	1	1	1	1	1			
		4	1	1	1	1	1	1	1			
		5	1	1	1	1	1	1				
		6										
21	火	1	1	1	1	1	1	1	1	・読み聞かせ③ ・食指導2年生（給食時） ・6h→クラブ⑤（6／16の分です） ・計画訪問指導案，資料集 製本（6／22届け）	1～3 14:45 4～6 15:40	・英検受験者報告→指導室へ 5,6年生で英検を受験した児童，受験する 予定の児童を把握して教務に報告ください。
		2	1	1	1	1	1	1	1			
		3	1	1	1	1	1	1	1			
		4	1	1	1	1	1	1	1			
		5	1	1	1	1	1	1				
		6			ク	ク	ク	ク				
22	水	1	1	1	1	1	1	1	1	・ロング昼（夏花壇作業） ・計画訪問環境整備16:00～ ・教室環境チェック（放課後）	1 14:45 2～6 15:40	・家庭教育学級開級式10:00～12:30 あ生涯学習セ（校長，P役員2名） ・指導室に指導案，資料 届け（教務）
		2	1	1	1	1	1	1	1			
		3	1	1	1	1	1	1	1			
		4	1	1	1	1	1	1	1			
		5	1	1	1	1	1	1				
		6										
23	木	1	1	1	1	1	1	1	1	＜ぐんぐんタイム＞ ・昼：鼓笛パート練習 ・6h委員会⑥ ・職員終会16:10～	1～3 14:45 4～6 15:40	・管理職研修会：県南生涯学習セ 校長 9:10～12:00 教頭13:40～16:30 職専免（人間ドック：○○）
		2	1	1	1	1	1	1	1			
		3	1	1	1	1	1	1	1			
		4	1	1	1	1	1	1	1			
		5	1	1	1	1	1	1				
		6			委	委	委	委				
24	金	1	1	1	1	1	1	1	1	＜ぐんぐんタイム＞ ALT（給食3年生） 2h→5年，4h→2年，5h→6年 ・なかよし会：市特別支援教育部小学校部 合同学習会9:10～13:20江戸崎体育館 引率（山，大）現地集合解散（児童）	1～2 14:45 3～6 15:40	・若手教員研修2年次 9:00～ 研究教育研修センター（根） ・市教務主任会13:30～市教育セ（宮） ・特別研修講座②学級経営講座18:00～19:30 市教育センター主催・市教育セ（当日受付可）
		2	1	1	1	1	1	1	1			
		3	1	1	1	1	1	1	1			
		4	1	1	1	1	1	1	1			
		5	1	1	1	1	1	1				
		6			1	1	1	1				
25	土									・市運営委員会9:00～市教育セ（校長，教務） ・つくば教職研修会（校長）		・教育情報ネットワーク停止9:00～17:00
教科時数			25	26	27	27	27	27	27			＜次週の主な予定＞
行事時数			0	0	0	0	0	0	0	校内行事	日 曜	校外行事・出張・提出等

＜連絡事項＞
交通事故防止について（通知）
稲教指353号 H28.6.7
自転車→ヘルメットの着用。安全な乗り方。
歩行者→飛び出しを絶対しないこと。
運転者→交通法規の遵守。交通事故の防止。
飲酒運転の根絶。
事故報告の徹底。

教職員等の選挙運動の禁止等について
（通知）教総 205号 H28.6.6
地方公務員法 第36条
（政治的行為の制限）

		日	曜	
		26	日	
		27	月	生徒指導連絡協議会（校長，生徒指導主事） 防災教育指導者研修会（教頭）
食指導3年 三者省令主任打合せ		28	火	○○小集合指導（校長，特支担）
朝清掃 計画訪問 ロング昼→28（火）		29	水	
○○中吹奏楽演奏3h クラブ 終会		30	木	［食品衛生検査］
期末PTA ALT（563年） 救急救命講座		1	金	いじめ防止対策委員会13:30～
		2	土	・土日の水かけ

【学びの羅針盤】＜水泳学習：プール使用について＞
・児童の健康，安全面を第1に考える。無理はさせない。事故の未然防止に努める。
・気温と水温の合計が50を超えることがプール使用の目安。（水温は23℃以上が望ましい）
「水泳指導の手引き」（文部科学省）三訂版
・排水口付近に注意。飛び込みはしない。AEDはプールサイドに。
→水泳等の事故防止について（通知）H27.5.18

※小学校で作成していた週案。〈連絡事項〉【学びの羅針盤】にコンプライアンスの拠り所となる法規，通知通達等を記載するようにした。「46 見通しをもつ」参照

ミドルリーダー「教務主任」として

ここでは主に教務主任の役割について述べます。

教務主任は学校施行規則第44条に，このように規定されています。

「教務主任は，校長の監督を受け，教育計画の立案その他の教務に関する事項について連絡調整及び指導，助言に当たる」

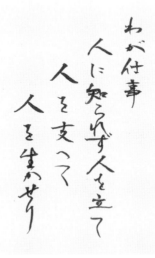

わが仕事
人に知られず人を立て
人を支えて
人を生かせり

見通しをもつ
週案に工夫を凝らす

　教務主任としての第1の仕事は「**教育計画の立案**」です。学校のグランドデザインに則り，年間計画を立案します。自校の都合のみではなく，近隣の学校との行事調整も必要になります。ここで大切になるのは**教務主任間の連携（ネットワーク）**です。前年度のうちから次年度を見越して打ち合わせをこまめに行うことが重要です。

　新年度になれば，校長からグランドデザインが新たに出されます。私は幸いにも教務主任をしている時に意見を求められることがあったので，計画を立案する上でたいへん参考になりました。

　計画立案は，【年間計画→月の計画→週の計画→1日の計画→1単位時間の計画】と細分化されていきます。教務主任としては，**1年単位で見通す長期的な視点と1単位時間で見通す短期的な視点**の両方をもっていることが大事だと考えます。長短の視点で教育計画を考えられるのがバランスのとれた教務主任です。

　教育計画の中でも職員にとって日々の勤務・行動の拠り所になるのが，週の計画，いわゆる**週案**です。ほとんどの学校は週案を基に動いています。ですから週案には心血を注ぎました。職員にとって見やすく，使いやすく，情報が過不足なく記載されているものになるよう年度ごとに工夫を加えました。

　教務主任であれば，誰しも工夫を凝らしているものなので，どれがベストというものはありませんが，一つの参考になればと思います。

〈週案の工夫〉
①見やすく表記する。（ゴシック体で，色分け等）
②必要な情報を簡潔に載せる。（提出期限のあるものに注意）

③通知・通達の概要,法規の拠り所を載せる。(コンプライアンスの向上)

特に意識したのは③です。文部科学省,県教育委員会,市教育委員会からの服務規律に関する通知・通達等については職員に配付されたもの,校内研修で扱ったものの概要を載せて再度徹底を図りました。

〈予定黒板の記入〉

職員室の行事黒板,1日の予定表等については,教務主任が週案を確認しながら記入しました。特に,長期休業中の出張関係,提出物関係等は抜けがないように気を付けなければなりません。また,急に入ってくる予定もあります。その時には黒板に書くだけではなく,手書きのメモを印刷して職員に配付するようにしました。(不審者情報や台風への対応等)

配付連絡は,一見して分かるように筆書きにしました。

これからのヒント 見通しをもつということ

1. 教務主任として学校のグランドデザインをよく知ることは大切。
2. 長期的な視点と短期的な視点をもつ。
3. 週案は見やすく。重要なポイントが抜けないように。

教務主任は隙間を埋める仕事
「気配り,気遣い,心意気」

　教務主任の第2の仕事は**「連絡調整」**です。学校の教育活動は一人の力ではなし得ません。チームで協働して事にあたる以上,**「気配り・気遣い」**が大切です。

　例えば,来校者への接遇の仕方,PTA関係の打ち合わせ,文書の提出,訪問指導への準備,対外的な連携等,細かいところにも注意を行き渡らせます。また,職員間の協力体制を整え,共に職務に取り組めるよう互いの立場を思いやる配慮も必要です。

　私が最初に校長から教えていただいたのは**「教務主任は隙間を埋める仕事」**であるということです。学校には膨大な活動・業務があります。教務主任は,その一つ一つを整理し,それぞれの隙間や抜けているところを埋めていくのです。そのためにはそれぞれの活動に気を配り,担当者に気を遣い,間を取りもっていきます。その具体的な方法・アプローチは人それぞれ違っていいと思いますが,その言葉は常に心に刻んで職務に臨むようにしました。

　そして,校長の監督,つまり指導を受けるということが必要です。学校の長である校長が「どんなことを望んでいるか」「どんなデータを欲しているか」を察知して,すぐに対応できるように努めました。

　教務主任であっても,時には,「校長だったらどうしてほしいだろうか?」という立場になって考える「気配り・気遣い」の視点をもつことは大事なことだと思います。

　そして,もう一つ大切なことは**「心意気」**をもつことです。

　これで十分だ,と思っても手を加えればよくなる可能性があるならば,ためらわず修正しました。例えば,研究発表会での学校案内図など

通常のものでも来校したことのある人ならイメージで分かります。しかし，中には初めて訪れる人もいると考えれば，詳しい見取り図を作成して載せた方が分かりやすいはずです。では，見取り図を作ろう。こういうところが**隙間を埋める仕事**であり，教務主任としての**心意気**だと思うのです。（下図：「校舎見取り図」参照）

　はじめて教務主任になった年，教頭が休日に出勤して校庭周りの草刈りをしていました。PTAの奉仕作業が予定されている1週間前のことです。草刈りを終えて職員室に戻ってきた教頭は，私にこう言いました。

　「やれるところまでやっておけば，PTAの奉仕作業で保護者も学校のために気持ちよく手伝ってくれるんだよ」

　本当の心意気とはこういうことだと思いました。

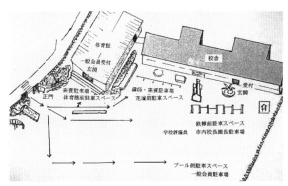

← 「校舎見取り図」作成

> **これからのヒント　教務主任は隙間を埋める仕事**
> 〜『新明解国語辞典』によると〜
> 1. 「気配り」＝細かいところにまで注意を行き届かせること。
> 2. 「気遣い」＝相手のためを思っていろいろ配慮すること。
> 3. 「心意気」＝使命をやり遂げようという積極的な態度・意気込み。

改めることをためらわない
指導助言の第1関門

教務主任の第3の仕事は**「指導助言」**です。

校内の起案文書等はまず教務主任のところに提出される場合が多いと思います。つまり、教務主任が最初に確認し、必要に応じて指導助言を行うわけです。教務主任になりたての頃には「教務主任が第1関門なんだからしっかり見なさい」と、よく指導されたものでした。

〈起案の流れを止めないこと〉

学校の組織としての連携がうまく機能しない原因の一つは起案の流れが滞ってしまうことです。教務主任のところでストップすると先に進みません。例えば、急な填補や出張などで起案に目を通せない場合など、先に教頭に回すなどの処理の系統をあらかじめ決めておきます。

〈指導助言のポイント〉

・**表記の修正**

手元に「公用文の表記」と「国語辞典」を常に備えて、言葉の確認をします。教務主任になってから、辞書を開かなかった日はなかったと思います。

・**文章の修正**

文章表現は主述の関係をよく見ます。また、敬語については尊敬語と謙譲語の混同について見ます。

・**内容の吟味**

タイムスケジュールに無理がないかどうかが、一番のポイントです。また、天候に左右される校外学習の起案等の場合、雨天時の対応について確認します。

・学習指導案，通知表等の吟味

　研究主任や学年主任等と協力して見るようにします。複数の目で見ることが精度を高める一番の方法です。

〈教務主任より年上の教師には〉

　教務主任より年上の教師であっても伝えるべきことはしっかり伝えます。改めることをためらうべきではありません。もちろん経験に対する敬意は忘れないようにします。しかし，修正箇所が多いと気まずくなることもないとは言えません。私もそこは悩んだところでした。そこで，修正する場合には「このような表現の仕方もあります」というスタイルで伝えるようにしました。それに加えて，拠り所となる資料を提示できるようにしておきます。そのためにも，辞書や学習指導要領等をこまめに確認しておくことは重要です。

これからのヒント　指導助言について

1. 教務主任が第1関門という意識をもつ。
2. 複数の目で確認することが精度を上げる。
3. 年上の教師には敬意を払いつつも伝えるべきことは伝える。

人間関係は Face to Face
会って話して関わって

　例えばですが，教務主任として地域の方に「今年も例年通り，小学生に田植えの体験をさせていただけますか」という依頼をするとして，連絡は電話にしますか？それとも自宅にうかがいますか？

　私だったら自宅にうかがいます。電話で十分用件が足りるとしても行くに越したことはありません。なぜなら，人間関係は，会って話をして人と関わってできるものだと思うからです。

　項目28（76頁）では，子供たちと地域の関りについて提案しましたが，ここでは対外的に連絡調整を行う教務主任の立場として説明します。

　私は2つの小学校で教務主任を経験しましたが，どちらも地域との結びつきが深い学校でした。地域の方々に支えていただいているのを常に感じていました。ですから，なるべく顔を出せるものは顔を出して，良好な信頼関係を築くことに努めました。

　実際には，体験学習でお世話になる農家の方，遠足でお世話になるバス会社の方，収穫祭でお世話になる地域の方など，毎年ごあいさつに足を運びました。管理職とは，学校評議員やいじめ防止委員等，学校を支えてくださる方々のところへ，年度はじめと年度末には必ずごあいさつにうかがいました。

　また，PTA活動も充実していて，教務主任もPTA役員の一人として任される役目がありました。最初に教務主任を務めた小学校では，休日の活動もけっこうありました。たいへんでしたが，今思うとPTAの活動があったから**地域のこともよく知ることができた**のだ，ということに気付きます。次に教務主任を務めた小学校では，教務主任がPTAの会計も兼ねました。やはり地域に支えられた学校でしたが，地域ぐるみで

子供たちを見守ってくれる温かい人情があったので，私も**進んで地域に関わる**ように努めました。

人と人とのつながりを大事にするということは**「開かれた学校づくり」**の第一歩です。そのさきがけとして教務主任が自ら足を運び，顔を覚えていただいて地域の方々と人間関係を築いていくということは大事な役割だと考えます。

※３月には子供たちが描いた感謝の絵手紙を地域の方々に贈りました。
　（これは作成する時の見本です）

これからのヒント　地域の方々との人間関係の構築

1．教務主任が実際に会って話をするのは大切。
2．PTA活動を通して地域のことがよく分かる。
3．「開かれた学校づくり」は教務主任がさきがけで。

ピンチをチャンスに変える リスクマネジメント

　学校では様々な問題やトラブルが発生します。未然防止に努めることが大前提ですが，起きてしまえば対応しなければなりません。学校の**危機管理「リスクマネジメント」**は管理職だけではなく職員全員が意識すべきものです。特に教務主任はリスクマネジメントを念頭に置いて教育計画を進めていく必要があります。「リスクマネジメントのサシスセソ」は表1の通りです。

　どれも大切ですが，やはり**最悪の事態を想定することと組織で対応すること**がポイントです。教務主任は，今までの経験を生かして想定される事態に備えて安全対策を講じてリスクを低くするように配慮したいものです。

　トラブル発生時には教頭が陣頭指揮をとる場合が多いかと思

表1	リスクマネジメントのサシスセソ
サ	最悪の事態を想定し
シ	慎重に
ス	素早く
セ	誠実に
ソ	組織で対応

表2	リスクマネジメントのカキクケコ
カ	家庭訪問（複数で）
キ	記録（時系列で）
ク	クールダウン（落ち着いて）
ケ	警察との連携（関係機関）
コ	コール（電話連絡・報連相）

いますが，教頭が不在の場合もあるので，教務主任も校長の指示を受けつつ事故報告をできるようにしておきます。特に対応の経過を時系列で**記録しておくことが重要**です。表2にリスクマネジメントにおける必要な処理を「カキクケコ」でまとめてみました。参考にしてください。

　「教務主任はアンテナを高くしなさい」とよく私は指導を受けました。何か違和感があると感じた時は，その原因を確認しておくに越したことはありません。自分の経験が教えてくれる直感を信じることです。

第4章 ミドルリーダー「教務主任」として

　人間は過ちを犯す存在です。それは教師とて例外ではありません。誰にでもミスはあるものです。大切なのはその後の対応です。過失が自らにある場合には誠意を尽くして謝罪します。**正直に非を認めることです**。そして**信用の回復**に努めます。その時はつらく，ピンチかもしれません。しかし，マイナスを補うための努力が認められて，かえって信頼を築くことにつながる機会（チャンス）に変わる場合もあるのです。

　危機管理はマイナス面だけでとらえるのではなく，ケースによってはプラスに転換できるポジティブな考え方で乗り切るとらえ方もあると思います。「アカサタナ」で表3のようにまとめてみました。

表3　ピンチをチャンスにアカサタナ
㋐　安全安心・危機管理
㋕　カキクケコを忘れずに
㋛　サシスセソで対応し
㋟　たとえピンチがあったとて
㋡　何とかチャンスに変えていく

> **これからのヒント**　危機管理「リスクマネジメント」
> 1．教務主任として想定される事態に備えて手立て（安全策）を打っておく。
> 2．教務主任はアンテナを高くして違和感のある事態を逃さないように。
> 3．ミスは認めて誠実に対応。ピンチはチャンスに変わることもある。

信頼される教務主任とは
不可能を可能にする教務

　大村はま先生の著書『教えるということ』(共文社)の中に「仏様の指」という話が紹介されています。

　それは「仏様がある時，道ばたに立っていらっしゃると，一人の男が荷物をいっぱい積んだ車を引いて通りかかった。そこはたいへんなぬかるみであった。車は，そのぬかるみにはまってしまって，男は懸命に引くけれども，車は動こうともしない。男は汗びっしょりになって苦しんでいる。いつまでたっても，どうしても車は抜けない。その時，仏様は，しばらく男のようすを見ていらっしゃいましたが，ちょっと指でその車におふれになった。その瞬間，車はすっとぬかるみから抜けて，からからと男は引いていってしまった。」という話です。

　まさに教育の本質をついた話だと思います。

　私が教務主任をしていた小学校では春先に子供たちがサツマイモの苗植えを全員で行っていました。上級生が下級生に植え方を教えながら400本ほどの苗を植えて，秋の収穫を楽しみにします。苗を植え終えた後，子供たちが帰ってから，私は一本一本確認し，植え方の不十分な苗を植え直していました。

　「それは二度手間，自己満足。植え方をちゃんと教えるのが教育ではないか？」と思われるのも分かります。もちろん植え方も事前に指導していますし，植えながら教えもしています。それでもよくできない子供はいるのです。経験を重ねればいずれ苗は植えられるようになります。慌てる必要はありません。それよりも全校児童で楽しく植えることができたという体験を大切にしてあげたいのです。確認は後で教師が行えば済むことです。

　教務主任は計画立案が仕事ですから事後の分担まで計画に組み込めばよいのかもしれませんが，これは「仏様の指」のような仕事だと考えて教務主任が行っていました。夕方，一人で苗を植え直していると気がつ

いた先生方が手伝ってくれることもありました。そんな時，学校って温かい所だなあと思いました。

　私は6年間教務主任を務めました。教務主任は管理職ではないので職務命令は出せません。基本的にお願いする立場です。そのためには職員から信頼してもらうのが一番です。自分が信頼してもらえるような教務主任であったかどうか，明確には判断できかねますが，常に仕事や職員に対して**誠実であること**を心がけてきました。困っている教師がいれば「一緒に頑張りましょう！」と声をかけました。自分にミスがあれば正直に「すみません」と謝りました。こんなの無理です，できません，と言われれば，「何とかするから，できる方法を考えよう」と打開策を模索しました。

　「**不可能を可能にする教務**」これが，自らに課した教務主任としてのモットーです。人間ですからできないことはたくさんあります。それでなくとも持病は進行し，身体的に自由がきかなくなっていました。

　だからこそ，あえて自分を奮い立たせる必要があったのです。

　「**泣き言は言わない**」

　それが教務主任としての最後の矜持でした。

> **これからのヒント**　信頼される教務主任であるために
> 1．教務主任として自ら行動する。
> 2．誠実に職務に臨む。「不可能を可能にする」心意気をもつ。
> 3．泣き言は言わない。

コラム　先生なんか大っ嫌い

　同窓会に呼ばれた。

1991年（平成3年）の3月に卒業した学年だから25年ぶり。
3年3組。
初めて担任した中学校の生徒たちだ。
当時，私は25～26歳。
大学を卒業してすぐ小学校に赴任し，3年間勤務して中学校に異動。
いきなり中3の担任をもつことになった。

それなりに教員としての自信をもってはいたが，やることなすこと空回り。
1学期の半ばにはすでに学級崩壊寸前のすさんだクラスになっていた。
特に女子の反発が激しくて，誰も担任の言うことなんか聞きやしない。

何とかしなければ…。
考えに考え抜いた。

男子はまだ歳が近いこともあり，話もできたので，
まず男子と時間をみつけては遊ぶようにした。
少しずつ話してくれる女子も増えてきた。

そこで文化祭で映画を制作することを提案。
ビデオ編集で全員出演の短編映画を作った。
当時は機材なんてないから電気店の編集機材を使わせてもらい，店に泊まり込んで編集した。
上映は大成功。
クラスも少しずつまとまってきた。

その後，
全員の進路を確定し，卒業の日を迎えることができた。

卒業式を終え，
春休みに私は現在のオクサンと結婚式を挙げた。
クラスの生徒全員がお祝いの花を持って式場に駆けつけてくれた。

思い出深い生徒たちだった。
今，思えば私も若かったし，未熟だった。
あれから25年。
15だった生徒も40過ぎのいい歳になった。

「センセー，痩せちゃったけど変わらないね」
「センセー，ちびまる子ちゃんのハンコ使ってたよね？」
「センセー，ギター今でも弾いてる？」
「センセー，今日の出席者うちのクラスがダントツなんだよ！」

覚えてるよ。

先生，みんなに会えてうれしいよ。
いつまでも先生はみんなの担任だよ。

「センセー，あたしセンセーのこと大っ嫌いだったんだ」

ひとりそう言ってきた子がいた。
最後の最後まで私に心を開かなかった女子だった。

「センセー，あたしずっとセンセーに反抗してたから，
　こいつさえいなければって，思わなかった？」

「ん～。そんなことないよ。だって結婚式場に来てくれたじゃないか」

「許してくれる？」

「とっくに許してるさ。みんな俺の生徒だよ」

「うちらのクラス，やっぱセンセーでよかった！」

大っ嫌いだったのは正直な気持ちだろう。
でも，彼女は25年間，そのことを気に病んでいた。
私も同窓会で話ができないんじゃないかと案じていた。
時がわだかまりを流してくれた。

彼女は記念写真を撮る時にマイクを持ってこう言った。

「今日は大っ嫌いだったセンセーが来てくれました！センセー，ありがとう！」

本当にうれしそうな満面の笑顔だった。

　同窓会は大盛況でお開きになった。確かに私のクラスの出席者が飛び抜けて多かった。
　帰途につく当時の学年主任に私は礼を述べた。

「主任，お世話になりました。今日は苦労した甲斐がありました」

　主任は私に一言，こう言った。

「教師冥利につきるよな」

　教師として報われるということは，
いつまでも教え子から「センセー」と呼んでもらえること。

　それでいい。

コラム　はなむけの黒板

卒業式の前夜。
式場の最終確認をし，卒業生の教室の点検に行くと担任が明日の準備をしていた。
「ごくろうさん。あした，よろしく。いい卒業式にしような！」
「お世話になります」

もう一人の若手が手伝いに来ていて何やら黒板に描いている。
「何を描いているんだい？」
「お祝いに黒板に絵を描いてあげようと思って……」
「いいねぇ。じゃあ，手伝うよ」

その年は「ワンピース」の主人公ルフィを描いた。

次の年。
「今年も黒板にお祝いの絵を描きたいんですが，手伝ってくれますか？」
「ああ，もちろん。手伝うよ。で，今年は何を描くんだい？」
「映画の『君の名は』を描いてほしいんです」
「忙しくて観てないよ。でも何とかしよう！」

卒業式の前夜。
担任と二人，教室に残って作業した。
担任は子供たちの今までの活動の写真を教室に貼り出した。
私は資料を見ながら黒板に絵を描いた。
完成したのは午後11時を回っていた。

「よし！完成だ。おつかれさま」

さらに翌年。
卒業合唱で「ゆず」の歌『友』を歌うことになっていたので，「ゆず」の二人が歌っているところの写真を見ながら，3回目のはなむけの黒板を描いた。
卒業生の心のアルバムに残ってくれればいいんだけれど。

親父の理科研究

　平成6年。
　江戸崎中学校の理科準備室で，私は古ぼけた1冊のファイルを見つけた。
　『江戸崎町を流れる小野川のプランクトン』(1974年／昭和49年)
　江戸崎中学校理科研究生による科学研究作品。
　江戸崎町を流れる小野川の各ポイントでプランクトンを採集し，その分布や水質を調査した研究。
　指導者は宮本幸男。
　私の父だ。

　私は当時中学校1年生を担任しており，学級の生徒全員で理科研究に取り組もうと考えていた。
　生徒たちも夏休みの理科の宿題がクリアできるのでやる気になっていた。
　問題は「何を研究課題にするか？」だった。
　それで何かヒントはないかと理科準備室の資料を探していたのだ。
　プランクトンの研究は候補の一つに上がっていたが，研究課題の切り口が見つからなかった。

　私は古いファイルの年代を見て，あることに気が付いた。
　今年は1994年。これはちょうど20年前の研究になるのか。
　ん？待てよ。
　20年後に，同じ場所で，同じ方法で，プランクトンを採集，集計，比較したら……？

　ひらめいた。

　学級で取り組んだ理科研究は
　『江戸崎町を流れる小野川のプランクトン〜20年後の研究報告〜』

　私は指導者として3年間，この研究に携わってきた。
　一番の成果は，生徒たちが自ら学ぼうとする力，科学への探究心を伸ばせたことだ。

　そして，父が指導した20年前の研究がなければ，それを私が見つけなければ，この研究は生まれていなかった。

　理科研究に情熱を燃やした若き日の父。
　生徒たちと試行錯誤を繰り返しながら理科の楽しさを教えた父。
　その父も鬼籍に入ってもう20年になる。

　親父は，理科の指導を通して私たちに学ぶことの大切さを教えてくれた。
　私は，子供たちやこれからの若い人たちに何を残してあげられるだろう。

コラム　最後の見送り

　３月いっぱいで教頭が異動することになった。
単身赴任で２年間。
この１年間は机を並べて一緒に仕事をしてきた。
仕事熱心な人だった。
朝は必ず一番に来て鍵を開け，帰りは最後まで残って施錠をしていた。
休日も実家に帰らず職場にいることが多かった。

動きのぎこちない私の仕事ぶりは，きっと物足りないものに映ったことだろう。
それでもいろいろ教えてくれた。
この１年で仕事の進め方や考え方を身に付けることができた。
学ぶことも多かった。
感謝している。
来年度に向けて抜かりなく引き継ぎもしてくれた。

「先生にとっても勝負の１年になると思うけど，何とか乗り切ってくれ」

何度も念を押された。
こんな私でも頼らざるを得ないのだろう。
もう少し役に立てればと，はがゆさを噛みしめて私はうなずいた。

そして出勤最終日。
離任式も辞令交付も終わり，夕方職場に残った数人で見送りをした。

「じゃあ，お世話になりました」

教頭は手を振ると職場を後にした。
私は姿が見えなくなるまで黙って見送った。

職員はみな帰った。
ひとり残って資料作りをしていた私にはひとつの予感があった。

教頭はもう一度ここに来る。
それまでここにいよう。
確信していた。

そして……
誰もいないはずのドアが開いて教頭が顔を出した。

「もうひとつだけ頼んでいいか？」
教頭は引き継ぎのファイルを私に手渡した。

「じゃ，ほんとにさようなら」

「教頭先生，ちょっといいですか？」

私は今までの感謝とあまり役に立てなかったことをわびた。

「今までお話しませんでしたが，私は病気を抱えています。
　もっと仕事におつきあいしたかった。
　でも薬が効かないとどうにも動けないのです。
　本当に申し訳ありませんでした。
　いずれ公表しなければならない時が来るかもしれません。
　それがいいのか，どうなのか，自分でも分からないのです」

教頭は黙って私の話を聞き，そしてこう言った。

「先生は，よくやってくれた。
　いつもしっかり仕事をこなしてくれた。
　何かあるな，とは思っていたけど，聞かなかった。
　でも話してくれてありがとう。
　先生の抱えている状況は重すぎて，どうしたらいいかなんてとても言えない。
　すまない。
　ただ，無理はするなよ」

この１年間。
ともにきつい毎日をこなしてきた。
言葉にならない共通の思いがあった。

「ありがとうございました」

私は夜の玄関で教頭をひとり見送った。

桜が満開を迎えていた。

コラム　雑草の花

今日は離任式。
職場，最後の日。

いろんなことがあった。

つらいこともたくさんあったし，
仕事も次から次へとこなさねばならず，
疲れ切っているのが通常の状態だった。

それでも好きで選んだ道だから踏ん張って持ちこたえてきた。
今ではだいぶ頼りにされるようになった。
職場の切り盛りをしているという実感が支えだった。

それに何と言っても子供の成長を見届けられるのがうれしかった。
損得を考えたらできない仕事だという自負があった。

実は，今朝は憂鬱だった。

新聞の異動欄を見ると，多くの仲間が昇進していた。
同級生や後輩がどんどん自分を追い抜いていた。
身体が不自由になる前は先頭集団にいたはずの自分がいつのまにか周回遅れになっていた。

そんなことは分かっているつもりだった。
しかし，新聞を見ながらふてくされた顔をしている自分が嫌でたまらなかった。
自分のさもしさが見え透いて我慢ならなかった。
器の小さい自分への嫌悪感でいっぱいだった。

しかし，職場に行くとこんな私でもみんな温かく迎えてくれた。
保護者の方も涙で見送ってくれた。
職場の仲間もやさしく心配りをしてくれた。

あたたかい職場を去るのが惜しまれた。

満開の桜が青い空に美しい。

離任式の挨拶で何を話すか，何も決めていなかった。

窓の外に見える桜を見ながら,好きな花の話をしようと思った。

「きれいな花束ありがとう。
　そして,桜の花もきれいに咲いています。
　花はみんな好きだけど,先生は道端に咲く雑草の花も好きなんです。
　オオイヌノフグリってみんな知ってるかな？
　青い小さい花。
　道端にいっぱい咲いていますね。
　あの花は一番早く春の訪れを知らせてくれるんです。
　今年も２月のまだ寒い時にみつけました。
　人に踏まれても埃にまみれても,寒いのに精一杯咲いて春を知らせてくれる,
　そんな力強さをもちたいと思わせてくれる花なんです。
　オオイヌノフグリを見つけたら,そんなことを思い出してくださいね」

夕方。
名残を惜しむ職員に別れを告げて,
私は職場を後にした。

ふり返らなかった。

ふり返ったら戻りたくなってしまいそうだったから。

学童保育で残っていたひとりの小さい女の子が,帰る私をみつけてこう言った。

「今度行くところでもがんばってね～！バイバ～イ！」

まるで明日また会えるかのような屈託のないサヨナラに私は

「ありがとう！じゃ,またね～！」

と爽やかに応えた。

今朝の憂鬱な自分はもういない。

どんな困難があろうが,
屈辱を味わおうが,
劣等感に悩まされようが,
やっていける。
道端に咲く小さな花の強さがあればいい。

コラム　灯りを点す

　ある日のことです。

　書写の時間に一人の児童が，私にこんなことを聞いてきました。

「先生は子供の頃から習字とか絵とかうまかったんですか？」

　私は

「どうだったかなぁ。でも練習はしたかもね」

と，こたえました。

「練習すればうまくなる？」

「そりゃなるさ。根気よく続けることが大事だからね」

　授業の最後に私は子供たちにこんな話をしました。

「先生は子供の頃から絵が好きでよく描いていたし，お習字も練習しました。
　でも自分よりうまい人はいっぱいいたし，どんなに練習しても上手な人にはかないませんでした。
　先生は一番にはなれなかったんです。
　でもね，あきらめないで続けてきました。
　だから，今こうしてみんなとお勉強ができるんだと思います」

　それを聞いてうなずいている子が何人かいました。

　私は，
　生涯，一教師でしたけど，

　小さな子供の心に，温かい灯りを点してあげられたなら，
　この仕事を続けてきた意味もあるのかな？

と，思っています。

索　引

ア行	見出し語	項目番号	解説
ア	ICT (Information and Communication Technology)	(31)	電子教材の活用やコンピュータによる情報管理。
	握手	(18)	井上ひさし（1934〜2010年）による短編小説。講談社文庫『ナイン』収録。国語の教科書にも採用。（光村図書）なお，デカルト（1596〜1650）は『方法序説』（岩波文庫，谷川多佳子訳）において「難問の一つ一つをできるだけ多くの，しかも問題をよりよく解くために必要なだけの小部分に分割すること」と述べている。
	アンガーマネジメント（anger management）	(08)	怒りの感情をコントロール（予防・制御）する心理療法プログラム。
イ	いじめ	(01)(27)	「いじめ」を，「児童等に対して，当該児童等が在籍する学校に在籍している等当該児童と一定の人的関係にある他の児童等が行う心理的又は物理的な影響を与える行為（インターネットを通じて行われるものを含む。）であって，当該行為の対象となった児童等が苦痛を感じているもの」と定義する。（いじめ防止対策推進法）
	いじめ防止対策推進法	(27)	平成25年6月28日公布
	イラショナルビリーフ（irrational belief）	(17)(23)	非論理的な考え方，思い込み。
	インクルーシブ教育システム（inclusive education）	(39)	障害のある者と障害のない者が共に教育を受ける仕組みのこと。
	インフォームドコンセント（informed consent）	(17)	医学用語。医者は患者に十分に説明してその処置についての同意を得る必要があること。
オ	大村はま	(51)	（1906〜2005年）生涯一教師として教壇に立ち続け，日本の国語教育に貢献した教育者。

カ行	見出し語	項目番号	解説
カ	解決志向型	(16)	原因の追及ではなく，解決に向けて効果があると思われる手立てを講じていくこと。
	学級崩壊	(14)	一般的には「学級崩壊」と言われるが教育の現場では「学級がうまく機能しない状況」と言う。
	カムイ伝	(34)	白土三平による長編コミック。1964〜1971年『月刊漫画ガロ』に連載。2018年の時点では未完。
キ	奇妙な果実	(34)	黒人ジャズシンガー，ビリー・ホリデイによる黒人差別の実態を歌ったブルース。作詞・作曲：ルイス・アレン。1939年録音。
	共感的理解	(09)	カウンセリングマインド，受容的態度。クライエント（相談者）の身になって傾聴し，気持ちを分かってあげること。
	協働	(29)(47)	一つの目的を達成するために，各部分やメンバーが補完・協力し合うこと。（新明解国語辞典）
	教務主任間の連携	(46)	各市町村単位で教務主任会が組織され，研修，情報交換等を行っている。（筆者は平成28〜29年の2年間，市の教務主任会会長を務めた）
ク	グランドデザイン（grand design）	(46)	学校におけるグランドデザインは「学校の現状分析を踏まえて中期の目標を定め，さらに具体的な短期（単年度）計画を分かりやすくまとめた全体構想」のこと。

	見出し語	項目番号	解説
	クレーム (claim)	(42)	苦情。特に学校に対する保護者からの苦情。モンスターペアレントは世間一般の呼び方。苦情を訴える保護者も協力してくれる保護者も子供の保護者に変わりはない。
コ	合理的配慮	(25)(39)	障害者が他の者と平等に全ての人権、及び基本的自由を享有し、又は行使することを確保するための必要かつ適当な変更及び調整であって、特定の場合において必要とされるものであり、かつ、均衡を失した又は過度の負担を課さないものをいう。【障害者の権利に関する条約　第2条】
	國分康孝	(09)	（1930年〜）構成的グループエンカウンター等を用いた学校教育における育てるカウンセリング教育の第一人者。日本カウンセリング学会会長。著書多数。
	コミュニティスクール (community school)	(28)	平成16年「地方教育行政の組織及び運営に関する法律」が改正され保護者や地域住民が一定の権限を持って学校運営に参画することを可能とする「学校運営協議会制度」が導入され、協議会をおく学校を「コミュニティスクール」と呼ぶことにした。
	孤独・孤立	(27)	「孤独」周囲にたよりになる（心の通い合う）相手が一人も居ないで、ひとりぼっちであること。「孤立」身のまわりに頼り（仲間）になるものが無く、不利な立場にあること。（新明解国語辞典）〜つまり「孤独」は周囲に人がいない状態。「孤立」は人の中で一人だけ疎外されている状態。よって子供にとっては、孤独には耐えられても孤立には耐えきれないと、筆者は考察する。
	コンプライアンス (compliance)	(46)	法令遵守。(順守は代用字)法律などをよく守ること。

サ行	見出し語	項目番号	解説
サ	サイコエジュケーション (psycho education)	(44)	國分康孝氏によれば育てるカウンセリング「心の教育」の一つの形態。「新しい行動の仕方の学習」「新しい考え方の学習」「新しい感情の体験」の三つを目標とする。
	ザイル (seil)	(01)(20)(25)	（ドイツ語）登山用の縄・綱。英語では climbing rope。
シ	自己開示	(15)(17)	國分康孝氏によると教師の自己開示には三つの場合があると説明される。①思考の開示（人生観、価値観の開示）、②感情の開示（うれしい、悲しい、感動したなどの開示）、③行動の開示（生い立ちや職歴や現況の開示）。教師が自分の弱い部分を開くことで生徒も聞くことができるようになる。
	自己肯定感	(10)	セルフエスティーム（self esteem）ありのままの自分自身を認め肯定すること。似ている用語に「自己有用感」があるが「自己肯定感」の方が自己を大きく受け入れる概念と言えよう。
	社会に開かれた教育課程	(28)	教育課程の実施に当たって、地域の人的・物的資源を活用したり、放課後や土曜日等を活用した社会教育との連携を図ったりし、学校教育を学校内に閉じずに社会と共有・連携しながら進めていくこと。
	シミュレーション (simulation)	(13)	模擬実験。やさしく言えば本番の前に一度リハーサルをしておくこと。子供に自信をもって活動させるにはシミュレーションさせておくのがとても大切。うっかりシュミレーションと表記してしまう場合が見られるので注意したい。
	主体的な学び	(22)(30)	平成29年改訂学習指導要領で提唱された「どのように学ぶか」の視点【主体的・対話的で深い学び】より。アクティブ・ラーニングを説明したもの。

ス	スクールカースト （クラスカースト） (school caste)	(16)	生徒間における序列をカースト制度になぞらえたもの。人気の度合い（キャラクターの位置づけ）によって上位、中位、下位等のヒエラルキー（階級）に序列化され、いじめの原因のひとつになる。
セ	拙速主義	(05)	まずくても出来上がりの早いこと。（新明解国語辞典）対義語は「巧遅主義」となるはずであるが「完璧主義」と言われることが多い。

タ行	見出し語	項目番号	解説
タ	体罰	(11)	校長及び教員は，教育上必要があると認めるときは，文部科学大臣の定めるところにより，児童，生徒及び学生に懲戒を加えることができる。ただし体罰を加えることはできない。【学校教育法 第11条】
チ	チーム学校	(28)	教員の業務の負担の軽減，児童生徒に向き合う時間の確保，教育活動の充実等に向け，学校にスクールカウンセラー，スクールソーシャルワーカー，看護師，部活動指導員等を導入して多職種構成組織にすること。
	チマチョゴリ切り裂く暗い刃	(33)	平成6年6月10日（金）朝日新聞。朝鮮学校女生徒へ暴力やいやがらせがあった事件についての報道。
	懲戒	(11)	「体罰」参照。懲戒として認められるもの。「放課後等に教室に残留させる」「授業中，教室内に起立させる」「学習課題や清掃課題を課す」「学級当番を多く割り当てる」「立ち歩きの多い児童生徒を叱って席につかせる」「練習に遅刻した生徒を試合に出さずに見学させる」なお，児童生徒から教員等に暴力行為があった場合，教員等が防衛のために当該児童生徒の体を押さえる等の行為は「やむを得ずした有形力の行使」として体罰ではなく正当防衛として認められる。
ツ	通知表	(23)(24) (48)	通知表は法的に定められた表簿ではない。通信簿，通信表等，呼称も様々であるが文部科学省では「通知表」を使用している。
テ	デッドタイム (dead time)	(27)	本来は「無為に過ごす時間」あるいは「コンピュータが起動するまでの時間」を言う。本稿では筆者により「死角となる時間」＝教師の監視の目が行き届かない時間として使用。
ト	どんぐりの家	(33)	山本おさむによるコミック。1993年小学館刊行。重複障害の児童の成長と家族の絆を描いている。同著者には聴覚障害児が野球を通して成長する姿を描いた『遥かなる甲子園』もある。

ナ行	見出し語	項目番号	解説
ナ	中村久子	(34)	(1897～1968年) 幼い時に突発性脱疽により両手両足を失いながらも人間としての尊厳を失わず生き抜いた女性。「人生に絶望なし」とは彼女が残した魂の言葉。
	泣き言は言わない	(51)	山本周五郎（1897～1968年）の言葉。文学賞と名の付くものの全てを辞退したことでも知られる小説家。
ニ	新美南吉	(32)(34)	(1913～1943年)「北の賢治，南の南吉」と評される童話作家。「ごん狐」は1932年『赤い鳥』に掲載。鈴木三重吉により南吉の草稿に手を加えられて発表された。

ハ行	見出し語	項目番号	解説
ヒ	PDCA (plan-do-check-action)	(31)	R（research）を加えてRPDCAサイクルとも使われる一連の活動の流れ。学校教育における学力向上への取組，学校評価の取組等に応用される改善サイクルのこと。
	開かれた学校	(49)	地域社会との連携・強化を推進するため臨時教育審議会で使用された用語。中央教育審議会では学校活性化の視点から「信頼される学校づくり」という言い方が出されている。

	見出し語	項目番号	解説
フ	ファシリテーター (facilitater)	(29)	議事等を進行する上で集団が機能するように調整する役割を担う人のこと。促進者などとも訳される。
	風雪のビバーク	(33)	松濤明（1922～1949年）による山行記録の遺稿集。1960年朋文社刊行。1949年1月、槍ヶ岳北鎌尾根にて遭難死。その遺体捜索の際、遺書のメモが発見され同書に収録された。後に新田次郎が「風雪の北鎌尾根」のタイトルで小説化している。道徳資料として掲載した「風雪のビバーク」は筆者による。ビバークとは登山時の緊急露営のこと。
	ブラック・ジャック	(33)	手塚治虫（1928～1989年）による初の医学をモチーフにしたコミック。『少年チャンピオン』にて1回読み切りの形式で1973年～1978年まで連載。氏の代表作の一つとして人気を博した。筆者が道徳の資料として活用させていただいたのは「灰とダイヤモンド」「おばあちゃん」「上と下」など。

マ行	見出し語	項目番号	解説
ミ	ミドルリーダー (middle leader)	(38)	ミドルリーダー育成事業（2015年11月、茨城県）によると年齢は35～45歳、教員採用10年以上の教員が対象。ミドルリーダーの資質・能力について、①コミュニケーション力、②学校運営全般についての視野、③人材育成力、④対外的な交渉力が求められている。
メ	メンタルケア (mental health care)	(36)	心の健康管理。「本人によるセルフケア」「小集団のラインによるケア」がある。業務の効率化が早急の課題。
モ	森信三	(04)(06)(07)	(1896～1992年) 立腰教育を提唱し独自の理論と実践をもって教育の深化に努めた教育者。

ヤ行	見出し語	項目番号	解説
ヤ	野帳	(22)	field note の訳。野外観察記録。実地調査記録。理科研究・科学研究においては研究のデータを逐次記録しておくためのノートを指す。
	山本五十六	(10)	(1884～1943年) 日本海軍連合艦隊司令長官。「やってみせ言ってきかせてさせてみてほめてやらねば人は動かじ」の言葉はあまりにも有名。
ユ	夕焼け	(34)	吉野弘（1926～2014年）による口語自由詩。

ラ行	見出し語	項目番号	解説
リ	リスクマネジメント (risk management)	(50)	危機管理。学校における危機管理の基本は「予知する」「回避する」「対処する」「再発防止」の4つの原則が重要と言われている。
	リフレーミング (reframing)	(23)(24)	新たに枠組みを作ること。言葉におけるリフレーミングでは「落ち着きがない」→「活発である・元気に活動する」というように言い換えすることを指す。
	利平さんとこのおばあちゃん	(33)	法月理栄（1950年～）によるコミック。1985年小学館刊行。
	リレーション (relation)	(16)(17) (23)(44)	関係。カウンセリングでは人間関係。特に絆と言える温かな人間関係を指す。
レ	レジリエンス (resilience)	(36)	復元力、回復力、弾力などと訳される。かつてはトレランス（耐性）という用語が使われていた。
	レモン哀歌	(34)	高村光太郎（1883～1953年）による口語自由詩。『智恵子抄』収録。

【参考文献】

（1）寺田清一編『森信三先生　生を教育に求めて』（不尽叢書）
（2）寺田清一編『森信三先生　新版　立腰教育入門』（不尽叢書）
（3）國分康孝・國分久子（監修）『育てるカウンセリングによる教室課題対応全書』
　　　全11巻（図書文化）
（4）國分康孝（編集代表）『サイコエジュケーション「心の教育」その方法』（図書
　　　文化）
（5）齋藤優・諸富祥彦編『カウンセリングテクニックで極める教師の技　第1巻
　　　授業の技を極める40のコツ』（教育開発研究所）
（6）國分康孝，大友秀人『「授業に生かすカウンセリング」エンカウンターを用いた
　　　心の教育』（誠信書房）
（7）大村はま『教えるということ』（共文社）
（8）『新編・新しい国語　中学校3年　指導事例集』（東京書籍，2006年）
（9）『新明解国語辞典』第7版（三省堂）
（10）『公用文の表記』（東方出版社）
（11）高橋克実編『平成29年度教育用語ハンドブック』（2017年）
（12）『学校におけるいじめ問題に関する基本的認識と取組のポイント』（文部科学
　　　省，2006年）
（13）『小学校学習指導要領』（文部科学省，2017年）
（14）『中学校学習指導要領』（文部科学省，2017年）

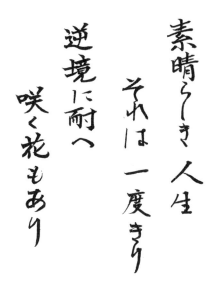

素晴らしき人生
それは一度きり
逆境に耐へ
咲く花もあり

おわりに

　教育の現場で，日々，子供たちと向き合っている教師は，本当に必死に頑張っています。
　「何とか学級をまとめたい」
　「子供たちの学力を伸ばしてあげたい」
　「子供たちの心を育てていきたい」等。
　教師としての願いが痛いほど伝わってきます。
　しかし，なかなかうまくいかないことも多いのです。何かいい方法はないだろうか？と，心ある教師は有効な手立てを欲しています。
　この本は，そんな先生方に読んでいただきたくて作りました。紹介されている実践はほとんどが手のかかるしんどいことばかりです。例えば「バースデーカードを郵送する」，これは担任にとってはかなりの負担に思われるかもしれません。しかし，だからこそ効果があるのです。楽をして効果は上がりません。
　何とかしたいと思っている教師は，学ぶ志のある教師です。だから，どんなにたいへんでもやり遂げることのできる教師だと思えるのです。この本を手にとった教師なら自分なりにアレンジして取り組めるはずです。問題は，実行するか，しないかです。
　これからの時代を生きていく教師は，今までの教師には求められなかった課題にも対応し，乗り越えていかなければなりません。新たな学力観，保護者対応，深刻化する生徒指導，情報教育，小中連携，働き方改革，等々。枚挙にいとまがありません。それでもかつて私たち今までの教師

が実践してきたことは、これからの教育のヒントになると思うのです。

　この本の中で述べているのは、「教師自らが行動すること」「自己を確立した教師を目指すこと」「子供にとって何がベストかを考えること」であり、それは教育の根幹をなす本質と言えるものです。

　この本がミドルリーダーとなるこれからの教師にとって一つの羅針盤になれればと、私は思っています。そして、折に触れ、自らを奮い立たせる時、教壇に向かう時に思い出してくれるような一冊になることを願っています。

　この本を上梓するにあたり、つくば市教育委員会教育長、筑波大学名誉教授の門脇厚司先生、茨城県立中央青年の家所長の和田雅彦先生には、懇切丁寧なご指導をいただきました。心より御礼申し上げます。

　さらに、稲敷市立新利根小学校長の唯根正一先生、稲敷市立東中学校長の木村寿先生、稲敷市立桜川中学校教頭の幸田尚志先生からは貴重なご助言をいただきました。謹んで感謝の意を表します。

　そして、学事出版編集部の皆様、ありがとうございました。

　最後に、森信三先生の言葉を引用させていただき、結びとします。

「教育とは、流水に文字を書くような果てしない業である。
**　だが、それを巌壁に刻むような真剣さで取り組まねばならぬ。」**

宮本宣孝

【著者紹介】

宮本宣孝（みやもと・のぶたか）

1964（昭和39）年，茨城県生まれ。1987年より茨城県公立学校教員となる。茨城県東村立東小学校，江戸崎町立江戸崎中学校，東町立東中学校に勤務後，茨城県教育研修センターにて長期研修（国語）。その後，龍ケ崎市立川原代小学校，稲敷市立浮島小学校を経て，現在は稲敷市立新利根小学校に勤務。新採教員指導教員として若手の指導にあたっている。
著書『詩集　空の話』（自費出版，1990年），『山ゆき村ゆき』（自費出版，2000年）
本書のイラスト，短歌，写真は著者が担当した。

教師5年目からのステップアップ仕事術

2019年3月28日　初版発行

著　者──宮本宣孝

発行者──安部英行

発行所──学事出版株式会社

〒101-0021　東京都千代田区外神田2-2-3
電話03-3255-5471
http://www.gakuji.co.jp

編集担当　　丸山久夫（株式会社メディアクリエイト）
装　　丁　　精文堂印刷デザイン室　三浦正已
印刷製本　　精文堂印刷株式会社

© Nobutaka Miyamoto 2019 Printed in Japan
落丁・乱丁本はお取替えします。
ISBN978-4-7619-2552-9　C3037